中國江河流域自然與人文遺產影像檔案

第【壹】部

三江源

本圖集在內容上全景式展示了三江源的歷史由來、地形地貌、山光水色、自然風物、民族習俗、信仰崇拜及人文藝術等方方面面，稱得上是一部沉甸甸的視覺檔案。在攝影的手法上，既是由衷的贊美與謳歌，也是忠實的記錄；在編排結構上，常常采用對比的方式，以呈現三江源近二十年負面變化的真實，具有批判與警醒的意義。

這樣一部巨型的攝影集，應是鄭雲峰辛苦一生的一次總結，同時也表達了他心中强烈的願望，即呼喚所有中華兒女——深愛母親河和保護母親河，爲了她的過去，也爲了民族的未來。

我有幸作爲這部攝影圖集的第一位讀者，情不自禁地想對鄭雲峰——這位當代中國罕見的自然人文的苦行僧深深道一句：謝謝！

馮驥才

頂禮大地

中國三江源地區宗教活動

人是自然的兒女。正如那個久遠的傳說中，女媧用水和土捏製出了人類最初的先祖一樣，人類很早就懂得協調人與自然的關係；懂得自己是大地和流水不可分割的組成部分——是大地上的一粒細沙，是流水中的一滴水珠。基於這樣一種認識，人類所有的宗教祭祀活動，幾乎都是對自然的感恩和崇拜，對於高原民族來說更是如此。

在這片被譽爲人類『最後的净土』的三江源大地，少有工業文明的浸染；人與自然的關係，尤顯親近與和諧。

神秘的自然孕育了人類最初的宗教，高原民族宛若懷揣珍寶一樣守護和珍惜着自己的信仰，也守護着三江源這個神聖的家園。

本卷描述了三江源地區文化、信仰與生存方式的互動。香港鳳凰衛視高級策劃、清華大學教授、博士生導師王魯湘先生參編并撰寫序言。王教授感言：『大江大河的源頭不一定是文明的源頭。三江源文化的意義，不是要把文明的源頭引向多麼深遠的上古，而是在於創造了一種特別的生存方式，對人類有啓示意義。

這裏的人們，在接近人類生存極限的區域，學會了向自然積極地妥協。以敬畏自然的態度實現了同自然的和解，於是人畜蕃衍，長久地生存下來了。

這種面對獨特環境所創造出來的生存策略和智慧，就是文化。文化不是別的甚麼虛無飄渺的東西，文化就是一套生存方式，特別是有利於長久生存的方式。』

出版發行：青島出版社
社　址：青島市海爾路 182 號 [266061]
本社網址：http://www.qdpub.com
郵購電話：13335059110 0532-68068816 [傳真] 0532-68068809

中國江河流域自然與
人文遺產影像檔案

*

第【壹】部
三江源

*

頂禮大地

中國三江源地區
宗教活動

青岛出版社
QINGDAO
PUBLISHING HOUSE

總顧問 撰文 馮驥才
總策劃 攝影 主編 鄭雲峰
出版人 孟鳴飛
主編 白漁
撰文 王魯湘 龍仁青

Image Files of
the Natural &
Cultural Heritages of
China's River Sources

The
First
Series

Sanjiangyuan

Sanjiangyuan:
The sources of China's three major rivers,
the Yangtze River,
the Yellow River and the Lancang River.

Worship of Nature

Religious Activities of Sanjiangyuan

FENG Jicai _ General Consultant, Text
ZHENG Yunfeng _ General Director, Photographer, Compiler
MENG Mingfei _ Publisher
BAI Yu _ Compiler
WANG Luxiang, LONG Renqing _ Text

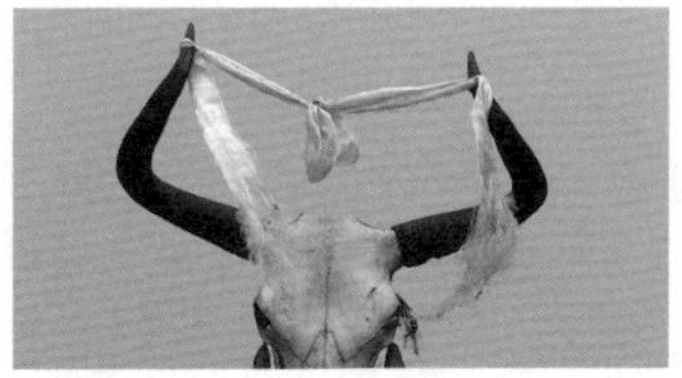

1982——2012

1982—2012

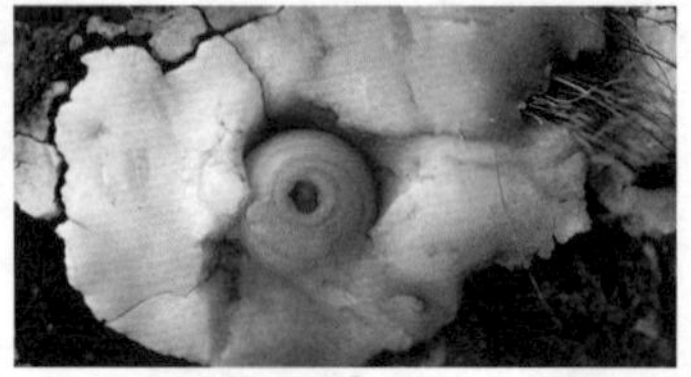

者

才

波人，1942 年生於天津，中國當代著名作家和畫家。“文革”後崛起爲“傷痕文學運動”的代表作家，1985 年後以“文化反思小説”在中國文壇產生了深遠影響。他的作品題材廣泛，形式多樣，
各種作品集近百種。作品被譯成英、法、德、意、日、俄、荷、西、韓、越等 10 餘種文字，在海外出版各種譯本 40 種。

兼爲畫家，出版過多種大型畫集，并在中國諸多大城市及奧地利、新加坡、日本、美國等國舉辦過個人畫展。他的畫作以中西貫通的繪畫技巧與含蓄深遠的文學意境，被評論界稱爲“現代
的代表”。

又是當代文化學者。近十年來，他投身於城市歷史文化保護和民間文化搶救，倡導并主持了中國民間文化遺產搶救工程，因而被評爲“（2003 年度）十大杰出文化人物”“（2005 年度）推動中
現代化進程十大人物”“（2008 年度）中國文化人物”“中國改革開放 30 年 30 名社會人物”“（2009 年度）中華文化人物”，并獲中共中央、國務院、中央軍委頒發的“全國抗震救災模範”稱號。

國文學藝術界聯合會副主席，中國小説學會會長，中國民間文藝家協會主席，天津大學馮驥才文學藝術研究院院長、博士生導師，中國民主促進會中央副主席，全國政協常委，全國政協文史和

一生都付母親河

馮驥才

緣於水。

壹

論一棵小草還是一片森林，一隻螻蟻還是一個物種，一個村落還是一座城市，皆緣自於水和依賴於因之，大地上任何民族皆緣起和受惠於大江大河。當歷史學家和人類學家逆時序地上溯到一個民族源頭時，最終一定會迷醉在一片無比壯美的高山峻嶺和冰天雪地之間的江河的源頭裏。

的源頭在江河的源頭裏；人類的歷史在江河的流淌中。一旦人類離開了這些江河就必然消亡，所以稱這些最本源的河流爲——母親河。

古老的中國，地勢西高東低，兩條巨龍般的長河自西天奔瀉而下，激涌般地穿過山河大地，東入大海，一潤、滋養、恩澤了茫茫萬里中華大地上的生靈萬物。它們就是中華民族偉大的母親河——長江和黃河。

民族感恩於賜予并養育自己生命的母親，但誰把這無限大的報恩之情及其使命交給了一位普普通通影家，并叫他心甘情願地幾乎付出了一生，來表達一個民族的良心與心願？

貳

攝影家便是鄭雲峰。中等偏矮的個子，天生健壯的體魄，充沛的精力，這些都適合於他所痴迷的攝業。特別是他天性豪爽，富於激情，故而頭一次見到長江黃河，便與這奔騰咆哮的大地上的蒼龍即合，成爲知心與知音。他最初與母親河結緣是上世紀中期，那年他四十歲罷。從那時起，他一小舟，入江心，搏巨浪，尋找母親河最爲動人心魄的姿容；一邊背着相機踽踽獨行，逆江而上，歷苦與危難，最終進入三江源——長江、黃河和瀾滄江的源頭。他不止一次講述他第一次進入三江震撼，在那片三十多萬平方公里，人迹罕至的世界裏，一如天國莊嚴而瑰麗的聖地上，他被净化了。

他大徹大悟，到底是怎樣的天地和境界纔能創造人類與生靈？

乎是用跪拜的姿態拍他當時眼前的一切。攝入他膠片暗盒中的第一組三江源的畫面，誕生於八二年，隨後他便激情難捺地一次次奔往那裏。自費、徒步、高寒、缺氧、車禍、遇險、飢餓、迷生病、孤獨……但對於他這匪夷所思的艱辛，較比步入天國的感受與發現，不如九牛一毛。他早期

[illegible]

壓壓的森林，肥軟的草甸子間豐沛的清流，成群的珍禽與異獸，原住民天人合一的習俗和人文……
切都被他的長短鏡頭珍藏了下來。

期的作品更像是一首首頌歌：驚喜的，興奮的，激情的，明亮的。他要做的是把他在天國裏尋覓到華大地母親的模樣，告訴我們。

得既單純，又虔誠，又快樂。

叁

，進入上世紀九十年代末葉及至本世紀，鄭雲峰眼前的天國變了。

一次千辛萬苦到那裏，惡化的現實都令他驚愕：冰川開始消融，綠草出現枯黃，湖水污染變色，沙勢洶洶擴張起來，這緣故除去全球變暖，更多來自人爲的破壞。隨着經濟開發熱潮而來的是淘金熱、熱、伐木熱、開礦熱和獵殺魚鳥熱，這變化讓他感受到撕心裂肺般的疼痛。

，他沒有挎着相機掉頭而去，把絕望的現實扔在背後，相反他舉起相機把這一切真實地記錄下來。當年不遺漏任何一處美一樣，如今他決不放過所有必須正視的現實的醜。

入了一個全新的攝影階段，從唯美的，激情的，情感的，變爲審醜的，冷峻的，理性的。用鏡頭證批判現實的荒謬，同時警示世人關切——照此下去難逃的厄運與悲劇。

階段，他在長江的拍攝，也從對大自然的贊美轉向對即將逝去的山水的挽留。他十分清醒地爲長江化的過程留下了視覺的檔案。

，他本人便從一個理想主義者轉型爲一個批判現實主義者。

轉變出於一種文明的自覺和歷史的責任，因而使他的攝影內涵與價值變得非同尋常。一種嚴峻的基痛苦的呼叫充溢在他的作品中，特別是將這些作品與他八十年代中期拍攝的三江源比較來看，常常感到一種震撼與痛楚。

肆

世紀八十年代，由於攝影的迅速發展及普及，人類學者開始使用相機作爲田野調查的手段。直觀的，的現場記錄帶來的真切性、全息性以及特定的環境氛圍——這是傳統單一地使用文字來記錄所不做到的，於是一種嶄新的人類學的研究手段與學術概念受到人們關注，即『視覺人類學』。

生態學者和文化保護者，他的視角與鏡頭也更接近視覺人類學的理念。這就使他的攝影作品有了多
值：除去攝影藝術本身的審美價值，還有見證價值、文獻價值与研究價值，而且涉及到生態、環境、
、遺產等諸多方面。此外，對於社會的文明進步則是一種呼喚、激發與推動。

伍

久見到鄭雲峰，我剛問道：『最近三江源情況怎麼樣，有改進還是更糟？』
到他竟哭出聲來。
是回答，更像是控訴，控訴我們這一代的無知、野蠻與貪婪，也哭出一位真正知識分子與藝術家
聲。
本文開篇時說，誰把這「對大地母親」無限大的報恩之情及其使命交給了一位普普通通的攝影家？
沒有誰，完全出於他的自願與志願，出於良知與使命。可是爲甚麼如今我們的良知這麼少而偏偏使
這麼重？
峰今年七十二歲，依然孤自一人端着相機在母親河邊流連。他可以把一生付給了母親河，但他不可
遠站在那裏。地球是不會完結的，人們還要一代代生存和繁衍下去，可是他的身後 —— 誰是來者？

陸

，一家有眼光的出版機構 —— 青島出版集團從鄭雲峰先生三十年來拍攝三江源的二十餘萬幀作品
摘取精要，分成十卷出版，取名《三江源》。本圖集在內容上全景式展示了三江源的歷史由來、地
貌、山光水色、自然風物、民族習俗、信仰崇拜及人文藝術等方方面面，稱得上是一部沉甸甸的視
案。在攝影的手法上，既是由衷的贊美與謳歌，也是忠實的記錄；在編排結構上，常常采用對比的
，以呈現三江源近二十年負面變化的真實，具有批判與警醒的意義。
一部巨型的攝影集，應是鄭雲峰辛苦一生的一次總結，同時也表達了他心中强烈的願望，即呼喚所
華兒女 —— 深愛母親河和保護母親河，爲了她的過去，也爲了民族的未來。
幸作爲這部攝影圖集的第一位讀者，情不自禁地想對鄭雲峰 —— 這位當代中國罕見的自然人文的
僧深深道一句：謝謝！

二〇一二年十月

者
湘

『神』勝利了

王魯湘

藏高原的大地景觀中，給人留下最深刻印象的，無疑是連綿不絕的宏偉山脉和天際綫上高聳入雲皚雪峰，還有像藍寶石一樣錯落分布於大地上的大大小小的湖泊。

藏高原的人文景觀中，給人留下最深刻印象的，無疑是絡繹不絕的朝山人流和他們轉山路上所做課，還有他們祭湖儀式的隆重與莊嚴。

大河的源頭不一定是文明的源頭。三江源文化的意義，不是要把文明的源頭引向多麼深遠的上古，在於創造了一種特別的生存方式，對人類有啓示意義。

的人們，在接近人類生存極限的區域，學會了向自然積極地妥協。以敬畏自然的態度實現了同自和解，於是人畜蕃衍，長久地生存下來了。

面對獨特環境所創造出來的生存策略和智慧，就是文化。文化不是別的甚麼虛無飄渺的東西，文是一套生存方式，特別是有利於長久生存的方式。

選擇長久生存的文化，都具有相同的精神氣質，那就是——無爲、虛靜、寡欲；關注彼岸，超越；精神遠遠高於物質，來世重過此生。

他們不想奮發有爲，也不是他們不想花天酒地，更不是他們不想活在當下，而是在這種地區生存，人生意義的追求，就不能朝着現世化的方嚮走，不能鼓勵現世的功名利祿。祇能在物質上過一種的、粗放的生活，生命的重點必須放在精神和信仰層面。任何相反方嚮的生存方式，都祇能在脆人與自然的關係上加速崩潰的力量，縮短毀滅的時間。這不是哪一位政教領袖和宗教導師的安排，——人對於環境的覺悟。

和祭湖，祇不過是這種覺悟之後應有的文化設計。

們來看看轉山——

藏民族心目中既是人格化的神，又是神明的居所。作爲人格化的神，山有形象，有意志，有法力，惡。因此，轉山這一行爲，就是同神明直接對話，而無須通過其他中介。作爲神明的居所，山是，是理想國，是彼岸，是靈魂的歸宿。因此，轉山這一行爲，就是由此岸向彼岸『超升』的過程，魂向故鄉回歸的歡喜之旅。藏民用繞山右旋轉走這一行爲，表示對神明和神明之所的贊嘆、隨順。

，轉山在藏人特別是游牧藏人的生活中是一個常態化行爲。他們放牧出門就要繞着山轉，特別是

瑪卿山。繞着這神聖的軸心，一年一年，生命就在這轉山中『輪迴』，直至老死。信仰賦予了這日常生產和生活行爲以特殊的精神意義，并使轉阿尼瑪卿山具有了許多『功德』。於是，純粹精轉山便占據了主導地位。禮贊神明，關懷靈魂不再是逐水草而居的副業，而成爲必要的修行。

尼瑪卿山是一次靈魂受洗的過程，每一個節點都有深長的象徵意味。從『度母』開始，中間經歷神』『戰神』『金剛亥母』『白度母』；然後進入『天門』，報恩父母；最後來到的是英雄格薩的故鄉。我認爲這個完整的轉山過程是有着某種類似於但丁的《神曲》，歌德的《浮士德》和黑的《精神現象學》一般的宏偉結構和深邃意義的。轉山路上設計的節點，會啓迪轉山者守護自己念，學會與自然萬物和諧相處，并同精神聖者展開心靈對話，當然也可以求富求貴、求糧足、求足。但一切具足的勇氣之源是真理的穫得，并且，在大成就功德圓滿之前不要忘了報恩父母。然在祭奠大英雄格薩爾王的煨桑臺前結束這次轉山。

們再來看看祭湖——

，魚和鳥在高原繁殖的季節，牧民們將此前用一個月時間裝好了金銀銅鐵、五穀和草藥的寶瓶陸進寺院。經過喇嘛連續七天的誦經『加持』後，瓶子在一個清晨被僧侶和牧民們隆重地投入湖中。這些供品的，除了『湖神』，就是鷗鳥和魚蟲。神與人、鳥、魚、蟲……大千世界蕓蕓衆生，都一祭湖的儀式中了無差异，沐浴佛恩，平等如一。

、祭湖的高潮是煨桑，而一聲驚天動地的歡呼——『拉加洛』則是宣告儀式結束。『拉加洛』，意思是『神勝利了』。所有的忙碌其實都是爲了最後這一聲——拉加洛，告訴天上地上所有的：『你們勝利了』。

』勝利了，人們轉山也好，祭湖也好，都是爲了最後喊一聲『神勝利了』。

人失敗了嗎？不是！人和『神』相視而笑，莫逆於心。人和『神』握手言歡了。

』勝利了，這是人的悲哀嗎？不是！主動地而且虔誠地承認『神』在雪域高原的第一性，人的第，不是人的愚昧、無能，而是一種謙遜的智慧，可持續生存的智慧。對所謂神明的尊重，其實就雪域民族自然的尊重，說到底，也是對人類自己家園的尊重。『神』勝利了，不是愚昧，而是覺悟。這覺悟，雪域高原纔可能成爲人類的家園之一。

』勝利了，人沒有失敗。

是自然的兒女。正如那個久遠的傳說中，女媧用水和土捏製出了類最初的先祖一樣，人類很早就懂得協調人與自然的關係；懂得己是大地和流水不可分割的組成部分——是大地上的一粒細沙，流水中的一滴水珠。基於這樣一種認識，人類所有的宗教祭祀活，幾乎都是對自然的感恩和崇拜，對於高原民族來說更是如此。這片被譽爲人類『最後的净土』的三江源大地，少有工業文明的染；人與自然的關係，尤顯親近與和諧。

秘的自然孕育了人類最初的宗教，高原民族宛若懷揣珍寶一樣守和珍惜着自己的信仰，也守護着三江源這個神聖的家園。

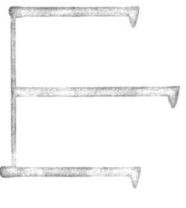

六月，廣袤無垠的果洛草原便鋪上了一層淺綠，爲這片原本蒼茫冷寂的大地平添了一份柔嫩和秀冰雪融化，小溪潺潺流淌，嚮陽的草坡上，一朵朵蒲公英競相綻放，耀眼跳躍的金黃色最先宣告了新的季節的到來。岸畔的綠草中，間或開放着幾朵粉報春，粉色的花瓣隨風擺動，顯得有些羸弱又警覺，它們像是春天派來探聽季節消息的使者。再過幾天，天氣漸暖，粉報春便會整片整片地開放，無垠的草原包裹在一片粉色之中，宛若一片彩雲，給色彩單調的草原換上一襲新裝。在這個季節，更信藏傳佛教，敬畏山水自然的人們紛紛踏上了『轉山』的旅途。盡管在青藏高原，轉山者一年四季絡繹不絶，并且隨着天氣轉暖，這個隊伍越來越壯大。

，就是人們圍着青藏高原上那些在藏民眼中充滿靈氣，并被視爲『神山』的山體進行順時針繞行的。那些山往往高大、雄偉、鶴立鷄群。虔誠的信衆或騎馬，或徒步，或一步一叩首地磕着『等身長②，遇到山口或『瑪尼』③堆則停步祭拜。他們煨桑、抛灑『風馬』④，口中念誦着『六字真言』⑤。的場面，甚是莊嚴。這是篤信藏傳佛教的藏民族對自然、佛菩薩表達敬畏之情的一種儀式，是他們的一部分。舊時，常有一些牧人拖家帶口，趕着牛羊游走四方。牛羊身上馱着帳篷和一些日用家當。一邊放牧，一邊轉山，他們被稱爲『走圈』轉山者。他們隨季節遷徙，逐水草而居，直至終其一生。仰和生活融爲一體，對他們來說——生活即信仰。

瑪卿是雪域四大神山之一，在藏区有着至尊至崇的地位和名目繁多的頭銜。俄金索南、阿吾·嘎洛《阿尼瑪卿雪山聖地志》[藏文]一書中對阿尼瑪卿做了這樣的描述：『[在當地人眼中]他是開地的九大造化神之一，是雪域藏鄉的寄魂山，佛教和苯教的護法，英雄格薩爾王的尊神，無盡寶藏護者，一切异教邪說的教敵。與極樂世界、蓮花光佛土、楊柳宮[傳爲金剛手菩薩與多聞天子居所]，布達拉、度母⑥所居璁葉莊嚴刹土等聖地毫無二致……』有了這樣的地位和聲譽，在藏族民間，它的故事四處傳揚。不論寒來暑往，春來冬去，圍繞着這座大山虔誠轉山的人群始終絡繹不絶。

，一定是按照順時針方嚮繞行，這種儀軌的形成来自佛教徒右繞佛像的基本信仰原則。所謂右繞，是信衆在佛像或佛塔旁行走時，要以佛塔或佛像爲中心，圍繞着佛像或佛塔向右旋轉行走。右繞佛像佛塔的宗教行爲，是受了古印度文化的影響，古印度人以右爲尊，右繞人或像是贊嘆隨順的意思，而繞則表示反對、對抗。自佛陀釋迦牟尼創立佛教以來，佛教認爲應當以右繞佛像或佛塔爲尊，佛教弟佛前『經行』⑦時便以右繞爲準。據說，繞佛不但有驅除邪魔，養神療病的功效，更重要的是還可消除『業障』⑧，獲得很大的『福報』⑨。正因爲如此，繞佛成爲很多信徒修行的一種重要方式。們認爲，繞佛的時候，衹要放下塵世的牽挂，心中衹有佛，久而久之自然可以達到身心清净的目的。

說，右繞有許多功德。佛經中有一則故事說，佛陀在世時，與弟子阿難一同進入舍衛城中乞食。當時有一個婆羅門⑩從外而來，他見佛陀光顔巍巍，便心生歡喜，繞佛一匝，作禮而去。佛陀微笑着訴阿難：『此婆羅門見佛心生歡喜，以清净心右繞佛一匝，以此功德，從是以後二十五劫⑪不墮惡道，上人中，快樂無極。』

右繞佛像一樣，藏族認爲轉神山同樣有着許多的功德。虔誠篤信佛法的高原民族堅定地認爲，一生中要到神山朝聖一次就算完成一件重要的善舉。據說，朝拜阿尼瑪卿，轉神山一圈可洗去一生的罪孽，

馬年，朝聖者更是蜂擁而至。據説，佛陀釋迦牟尼生於馬年，而阿尼瑪卿山神也屬馬，係藏曆鐵馬辰。所以，每逢馬年特別是藏曆鐵馬年，來阿尼瑪卿山朝拜，信衆便覺得更是功德無量——據説圈等於十三圈，會額外增加十二倍的功德。正是如此，轉山的人群紛至沓來，他們背着行李，神情地行走在右繞大山的漫漫路途中。

瑪卿轉山之旅，根據路程和距離的不同，分外綫、內綫和中綫三條綫路：外綫是少數駕車轉山者走綫，因爲中綫和內綫尚不能通行車輛，衹能通過有公路的地方慢慢繞行；而中綫是轉山綫路中最長路；內綫則是專門留給那些事務繁忙，沒有時間轉山的人，衹需三兩日就可以完成，但供信徒祭拜奉的聖迹很少。大多數轉山者都會選擇中綫，既可步行，也能騎馬。中綫是包括了所有重要的聖迹路，因此，所謂轉山，一般走的就是中綫。

磕頭與供石

路上，磕頭是每個信衆必備的功課。轉山者深信，要心懷虔誠，口誦六字真言，認真磕頭行禮就會許多功德。這禮節因此就顯得十分莊重，有了嚴格的規範動作和象徵意義。人們雙手閤十，用手分碰額、口、心三個部位，然後跪下，雙手分別向前推，這種禮儀又被稱作五體投地。按照藏傳佛教釋，雙手閤十，空心掌似含苞待放的蓮花，表示以蓮花供養『三寶』[佛法僧]；觸碰額口心三位，是爲了觀想自己『身』『口』『意』的業障消除；五體投地，是祈求三寶的『加持』⑭。頭，可以增加人們對三寶和上師的信心、恭敬心，剋服傲慢的習氣，也可以增加福報。因爲頂禮本是一種供養，是行者發願皈依以自己的身口意供養三寶和上師。當然，這也是一種極好的全身運動，鍛煉身體，還能振動氣脉，打開脉結，達到强身健體的效果。所以藏傳佛教的信徒認爲，磕長頭的是在今世健康長壽安樂，同時亦能在來生中實現圓滿的功德。

者如果從果洛州大武鎮出發，都是以嚓那卡朵爲起始點的。藏語『嚓那卡朵』，意爲『多彩的埡，距大武鎮西約四十公里。這裏有一處崖畔，細細看去，略呈黑白黄三色，據説是『三怙主』——爲黑色的金剛持菩薩、身色爲白色的大悲觀世音菩薩和身色爲黄色的妙音菩薩現身的地方，轉山者將此地視爲聖地。信衆面對三怙主的崖畔，深深地叩首祭拜。

莊嚴的祭拜，轉山者還要向神山敬奉供品。虔誠的轉山牧人，將自己身上的飾品，如珊瑚、瑪瑙、、松耳石等毫無保留地供奉在神山的某處。他們甚至用酥油將飾品粘在大山的岩壁上，以表達自己山的敬畏之情。毫不吝惜地供奉名貴的飾品，看起來似乎有一種讓人難以理解的慷慨，其實，這是富的理解有别的原因。牧人們以路爲家，游牧於天地之間，他們的一生與『財富』二字沒有多大，是因爲天生的愛美之心，他們將一些牛羊兑換成了自己喜歡的飾品而已，所以，他們的所謂財富，牛羊，就是飾品。藏族牧人如果置辦了其他物品，還需要有個專門存放的地方，而衹有飾品，可以綴挂在身上。這些飾品，種類繁複，顔色艷麗，牧人通常將它們綴挂於身體和衣物的各處，十分顯有人認爲這是一種『炫富』行爲，其實不然，這些飾品的最大作用，是牧人們愛美之心的表達，也

們一生清貧，沒有多少飾品可以供奉給神山。轉山路上，祇有少數幾處在他們看來非常重要的地方，可能供奉一些飾品，更多的地方，他們則把俯拾皆是的石頭當成供品。在他們看來，石頭也和那些的飾品一樣，都是神山或者自然賜予人類的，祇要心懷虔誠地獻給大山，功德是相同的。因此，石被賦予了和那些飾品一樣的精神寄托。於是，在一些人供奉了珍貴的珊瑚、瑪瑙、珍珠、松耳石的，更多的人把從地上信手撿起的石塊恭敬地擺在那裏。

樣的供奉，想必神山也是愉悅的。此外那些高僧們替沉默的神山解釋了人們的這種行爲：與其供奉昂貴的飾品，這些石塊更能够表達信徒們的虔誠之心，因爲但凡是供奉了自己心愛之物的信徒，心會多少有點不捨之情，而石塊，俯拾可得，供奉時心裏無私無欲，不會減損人們內心的虔誠和篤信。樣的一番解釋，牧民們在向神山供奉石塊時，便也心安理得，坦然瀟灑了。這堅硬的石塊也被賦予種『柔軟』的品性——它是牧人們對神山的敬意，是那顆虔誠之心的外化表達。

路上隨處可見被人壘起來的一堆堆的石塊，藏語稱『多波』。當轉山者經過這些石堆時，口中就會六字真言，恭敬地磕上三個頭，起身走到石堆旁，將一些小石子放在上面。這叫『多喬布哇』，是阿尼瑪卿之神行供石之禮。日積月纍，在碩大一片沙礫地上，大小不一的石堆不計其數，形成了相規模，蔚爲壯觀。

，并不僅僅是人們向山神表達崇敬的一種方式，同時也是一種善行，是爲了給同道者修路——把之途上的石頭撿到一邊，讓後來的轉山者行走方便。

財神與戰神

那卡朵出發，人們的阿尼瑪卿轉山之旅就真正開始了。令人意外的是，下一站居然是一眼泉水，據裏是藥師琉璃光佛⑮的聖迹。這裏泉眼衆多，汩汩的泉水四處噴涌，在每一個泉眼處，都有一塊石石頭上用藏文銘刻着『利肝』『明目』等字樣，意指人們飲用了與之相對應的泉水，對肝目病症等療效。轉山到這裏的人們，爭先恐後地飲用泉水，而此刻在一旁的僧人却沒有加入這個行列：他們在一起，高聲誦念着經文。僧人們正在誦持《藥師琉璃光如來本願功德經》和一些祛邪除病的咒語，深信這是利益衆生的善舉。

者絡繹不絕，像是一股源源不斷的流水，圍繞在阿尼瑪卿山間。沒走多遠，轉山者使會來到一處叫本宗的地方。藏語『卓瑪本宗』，意即『十萬度母神殿』。在神殿一側長着一棵柏樹，這棵柏樹被『卓瑪玉棟』，意思是『度母女神的金玉神木』。轉山者到了這裏，自然而然地誦念起了《度母頌》。處繫挂經幡的地方，一些專門帶着經幡而來的轉山者，把印有《度母頌》的經幡繫挂了起來。一時勁風激蕩，彩色的經幡隨風飄揚，剛剛繫挂的經幡尤顯鮮亮奪目。

嗡——尊者聖救度母我頂禮！
禮敬達熱奮迅母，

都熱救度施諸利，

梭哈字乃躬禮尊……

獵獵，轉山者神色凝重，雙手閤十，齊聲誦念《度母頌》。那場景莊嚴，浩大，充滿氣勢。

前，人們通常會帶上足够的吃食，有糌粑、手抓羊肉，還有一種食物叫『得柔』，意即小石子。得實是一種用青稞麵或麥麵製作、指尖大小、狀如石子的油炸食品。由於有携帶、食用方便，不容易等好處，得柔便成爲藏族農牧民們出遠門時的必備食品。此時，轉山者們離開聖迹，在一片草地上下來——這是轉山者必須遵循的一個規矩——食宿均要離聖址聖迹稍遠一些，以免人間的烟火了神靈。他們很快就搭起了三石竈，熬煮起濃釅的藏茶，就着茶水，吃起了隨身携帶的各種食物。

吃完飯，走過卓瑪本宗，一座山崖遥遥在望。這裏便是『達却紐卡』〔『駿馬埡口』之意〕，傳説頭明王的聖址。轉山者到了這裏，就要祈願護法神護佑衆生，特别是一些騎馬而來的轉山者更是虔加。因爲在果洛草原的傳説中，馬頭明王是格薩爾王的坐騎『赤兔神駿』的轉世，是馬匹的守護神。人民依賴馬兒游牧於青藏高原上的草原曠野，對馬的情感十分深厚。《格薩爾王傳》是誕生在青藏牧區的一部英雄史詩。作爲一部描述冷兵器時代高原游牧民族爲了保衛自己的家園，討伐强敵、追平的鴻篇巨製，《格薩爾王傳》是一部關於馬的傳奇故事，也是一首關於騎手的頌歌。

還有一處用馬的頭骨堆砌起來的『拉則』〔蒙古人稱之爲『敖包』〕——原本是山頂路標，後來被萬物有靈的藏族人視爲神靈的居所。如今，拉則尚在，衹是不見了那層層叠叠纍砌起來的馬骨。在東面，一座雪山閃爍着寒光，據説它曾是阿尼瑪卿山神的坐騎，它曾馱着阿尼瑪卿周游世界，走南贍部洲』⑯，此時化身爲大山，威嚴地環視自己的疆域。五世達賴喇嘛洛桑嘉措曾專門撰寫《祈》，對這一雪山大加贊美并予祭祀。騎馬轉山的人到了這裏，便彎腰下馬，虔誠地走到拉則前，從乘馬的馬鬃或者馬尾處，拔下一些毛，恭敬地繫在拉則上。據説，這樣可以賦予馬以靈敏、快捷的，給予馬匹繁衍興旺的好運。

天，當轉山者們伴隨着日出走出帳篷時，他們便迎來了新一天的『神聖之旅』。草草吃了早飯，他出發了，不大一會兒就來到下一處聖迹。

是一片秀美的所在：大大小小的湖泊，清澈明亮，形態各异，引來無數鷗鳥栖息於此。鳥群中不乏鶴、野天鵝這樣的珍禽。喧鬧的鳥鳴聲打破了山野的寂静，無數隻翅羽遮蓋了半邊天空，好一派熱象。更爲壯觀的，是湖泊裏自由游弋的魚群。因爲沒有人去捕撈，這些魚兒毫無顧忌地在臨近水面游來游去。裸鯉甚至可以躍出水面，炫耀一番，繼而鑽入水中不見了踪影，引得鷗鳥們緊追不捨，聒番。據説，這裏有三百六十個湖泊，對轉山者來説，每一個湖泊裏都是『聖水』。

説，這是阿尼瑪卿山神祭拜神靈的聖水——藏族人認爲阿尼瑪卿雖然是他們心目中高高在上的創神，但也需要祭拜自己崇拜的神靈。在藏族人的想象裏，這座高峻的山峰就像草原上一個富裕且有威望的牧戶人家，不會因擁有財富和地位而『怠慢』神靈。在這些大小湖泊間，有一種細膩的沙土，成了阿尼瑪卿製作供奉神靈的獻食——『朵瑪』的『麵粉』。傳説湖泊是龍出沒的地方，藏族視爲龍族，因此，轉山者到了這裏，就要煨起桑烟，祭拜龍族，祈求風調雨順，人壽年豐。這片秀美

了鳶飛魚躍的昂維秀黛，轉山者的下一站是一個叫毛哇多哇的地方。此地雖然沒有甚麼奇特之處，得到轉山者特別的敬重，原來這裏便是藏族歷史上赫赫有名的苦修大師——夏嘎·措周仁卓曾經的地方。大師曾寫過一篇贊美阿尼瑪卿的偈文，文中詳細描述了阿尼瑪卿宮室外觀的壯美和內部陳富麗堂皇〔藏族傳說中，阿尼瑪卿還是一座宮殿名稱〕。這篇偈文還描述了一段奇特的傳說：夏措周仁卓和英雄的雄獅大王——格薩爾穿越時空在阿尼瑪卿山間相見。夏嘎·措周仁卓站在地上，爾則顯現在雲中，他們互致問候，相談甚歡。

秀黛是曲什安河的發源地，從這裏開始，這條清澈的溪流就一直陪伴着轉山者們，如影隨形。前面，就是突噶爾了。有關這個地名有兩種解釋：一種解釋取其藏語『突噶爾』一詞關注、在心之意，的人們認爲，造福一方，予人幸福是阿尼瑪卿山神最爲關心的事，所以，這片能爲人們賜福施財的，自然受到了阿尼瑪卿的青睞；另一種解釋，認爲這裏是苯教之神——一千五百突噶爾的福地，纔有了這個地名。

有五塊巨石，據說就是傳說中的五種『財神石』。轉山者到了這裏，紛紛從地上撿起石頭，放在這巨石上，行供石之禮。在這裏供石，又多了一層含義，那就是祈福求財。有人還從這裏撿了許多的子揣進懷裏帶走，這些小石子是要繫在自家牛羊身上的，據說這樣可以讓牛羊興旺。

了財神，又要祭拜戰神了。生活在草原曠野的廣大牧人，雖然早已遠離了征戰之苦，但曾經征戰四先祖把尚武的記憶留給了他們，因此在他們的生活中，戰神是經常要祭拜的神祇。

的下一個目的地，叫喜瑪芝德，意即細砂堆成的『糧堆』。這個地名，一半是現實，一半是想象，家地傳達出了游牧民族特有的思維方式。站在喜瑪芝德舉目遠眺，那一堆堆的砂土，還真像是打麥場剛打碾好了的麥子或者青稞堆放在那裏，淺黃透明的光澤，閃爍着糧食的質感。在久遠的傳說中，還是一處『伏藏』和『掘藏』之地——一些高僧大德，將一些神奇的寶物或字紙藏起來，等待有人在後世到此將它們發掘出來，并破譯其中的『密碼』，使得一種思想或者一種信念得以繼續傳承，是伏藏和掘藏的意義。在藏區，這也是宗教傳承的一種方式。格薩爾王的故事，就是以這種方式流，許多格薩爾說唱藝人，被稱作掘藏藝人，就是以這種方式掘得寶物，傳唱史詩的傳承者。轉山者這裏的主要目的是供奉戰神，因爲這裏還是藏區十三戰神之一——達突嘎布的聖址，轉山者虔誠爲，對達突嘎布煨桑祭拜，可以擁有勇氣和力量。祭拜了戰神，沒走多遠，便是多杰帕姆〔即亥母[17]〕的聖址。轉山者來到這裏時，有時會遇見僧人做道場，虔誠地誦念着《空行母[18]頌》，這些紅衣僧人們獻給金剛亥母的贊美詩。

阿尼瑪卿的形象

了新的一天。

如洗，風和日麗，溫暖的天氣令人愜意。遠處的雪峰頂上，有一片白雲輕輕飄拂，不動聲色地改變

野百靈就這樣鳴叫着，看不到它的身影，祇聽到歌聲。許多轉山者不由得抬起頭來，目光循着百的歌聲搜尋着，却并沒有看到甚麼。轉山途中，隨處可以看到野生動物。轉山的行爲，并沒有讓山生態環境和野生動物受到損害。

，在轉山儀式中，包含了樸素的生態保護意識，蘊涵着敬畏自然，崇尚自然，尊崇造化，關愛生命，自然和諧相處等頗具人文情懷的生態觀。比如，人們不准利欲熏心者在神山周圍采挖礦藏，捕獵野采伐林木，甚至摘取哪怕一株花草都不行。這些看似是宗教意義上的禁忌概念，却有着樸素的生態內涵。再說，轉山原本就是一次肅穆的藏傳佛教儀式，作爲提倡不殺生的佛教信仰者，在這樣一種中，自然而然恪守着不殺生的戒律，不但自己不殺，同時也迫使那些盜獵者遠離了這裏。如果那些分子膽敢到這裏來，一定無機可乘，因爲，藏族群衆捍衛野生動物的生存，就是在捍衛自己的信仰。族樸素的對環境的認知中，但凡阿尼瑪卿山區的野生動物，都是阿尼瑪卿山神的家畜，威嚴强大的之神，自有他的奴僕和傭人，時時看護着他的家畜，使它們不受傷害。

，轉山者來到了桂格欽冒的所在地。藏語『桂格欽冒』，意即絲織大佛像，指的就是用來『展⑲的那種珍貴的大型唐卡。出人意料的是，當地却把一處宛若橫切出來一樣，光滑平整的巨崖稱格欽冒。其實，在藏民族的認知中，自然世界到處都是五彩斑斕，綺麗無比的桂格欽冒，即便是在罕至的荒漠，即便是在萬物蕭條的冬季，祇要用心去看，用心去感受就能看得到。這座光滑的崖面，下雨淋濕後，就會顯示出不同的色彩，有綫條，有色塊，自然、鮮艷，就像是用巨大的畫筆暈染出一般。當地群衆說，如果懷着一份虔誠之心仔細去看，那便是一幅高高懸挂着的『卓瑪嘎毛』[意度母的巨型唐卡]，桂格欽冒之名也由此而來。而傳說還沒有結束，傳說在桂格欽冒的背後，隱藏扇大門，這正是阿尼瑪卿九層宮殿的宮門，也就是說，傳說中那個金壁輝煌的阿尼瑪卿王宮，就是裏進入的！

者走到了這裏，并不急於去瞻仰桂格欽冒，而是先到一處山泉，捧飲着泉水，洗滌着身體。這處清據說是被白度母加持過的，飲用或者用這清澈的泉水洗滌傷痛之處，具有神奇的療效。早先這裏有巨石，巨石之上有一個小小的眼，一股清泉從這石眼中噴涌而出，足足有五六米之高。如今由於氣化等原因水量減少，這一神奇的現象已不復出現了。

傳佛教信奉的衆多的神靈具有文靜和忿怒兩種形象一樣，有着衆多名號的藏族群衆心目中的創世之—阿尼瑪卿同樣也有文靜和忿怒兩種形象。在一處叫卡擦巴奴的地方，有一座小山，人們舉目遠眺，看到它恰似一尊盤腿打坐的神像，人們傳說這就是阿尼瑪卿文靜的形象，衆多轉山者都在這首行禮。

處聖址，藏語名曰『格寧拉日』，意爲『衆居士的神山』，據說，它便是阿尼瑪卿神山作爲俗人中最爲普遍的王者形象。它巋然矗立在那裏，迎候着衆多尚未出家，祇在家裏誦經念佛的居士們謁。

前行，便會來到夏日拉則了，藏語『夏日』，意爲鹿角。早先這裏有一處用白唇鹿的頭骨和鹿角堆來的拉則，當地人認爲，這處拉則是一個長着鹿頭的護法神的居所。如今，這裏的鹿頭鹿角已不知

前，出現了一個岩洞，岩洞附近的石頭上，還有一個貌似脚印的痕迹。傳說，這是那位與阿尼瑪卿相關的苦修大師——夏嘎巴·措周仁卓在這裏留下的痕迹。據說，這岩洞是他修行的禪房，而這脚是他運用法術留在石頭上的『神迹』。不遠處又是一個岩洞，據說是吐蕃歷史上那位刺殺了贊普朗的劍客——拉隆·貝吉多吉和藏戲的創始人、在西藏建成第一座鐵橋的唐東杰布曾經修行過的地方，上留下了他們年復一年、日積月纍修行後的成果——脊背和頭部的影迹。對這三位大師級的人物，人然崇敬有加，轉山者到了這裏，依然虔誠地撿拾起地上的石子，鄭重地放在已經堆得很高的石堆上，石之禮。一些富足的轉山者，還把自己身上挂着的珊瑚、瑪瑙等珍貴飾物留下來，供奉給自己心目中靈和尊貴人物。

沁透靈性的石頭

偏西，一股微風颳來，從身上拂過時已有幾分凉意。轉山者紛紛找到一處背風的地方搭帳篷。夜是隨着呼嘯的風聲到來的。帳篷雖然緊挨着崖壁，但還是不能躲過寒風。隨着夜色的降臨，風聲顯得肆無忌憚，不時拍打着帳篷的門簾，啪啪作響。帳篷內，正中剛剛搭起的三石竈上，一團火燒着。火光照亮了人們的臉龐，他們說笑着，把一隻酒碗相互傳遞着，傳遞的方嚮依然是從左至順時針——右繞的習俗，已經深深地滲透在他們生活中的每一個細微之處。酒酣耳熱之際，有人唱起酒歌：

藍藍的天上搭帳篷，
帳篷就是那五彩的虹……

嘹亮，傳出帳篷，傳向遠方。

清晨，吃過早飯，轉山者準備祭拜帕瑪真朵。『帕瑪真朵』，藏语意爲『報恩父母石』。這裏有一小的佛塔，佛塔旁邊有三塊石頭，一大兩小。轉山者走到這裏，都要舉行一個簡單又神聖的儀式：石頭背在背上，雙手拿起兩塊小石頭，繞着佛塔右轉三圈，一邊轉一邊默默念叨父母的名字。據說，了這個簡單又神聖的儀式，此生就可以報答父母的恩情。所以，轉山者到了這裏，特别是那些年輕有點激動。不大一會兒，這裏就會聚集很多人。似乎是這儀式中所蘊含的神聖力量使然，人們并不擠，搶占位置，而是井然有序地排起長隊，依次投入到莊重的儀式之中。人們相互幫助，讓每個心樣一個樸素而又神聖夙願的人去完成這個儀式。

人都加入了這個儀式，而站在一側看着他們的一些老年轉山者，心裏或許會有些感傷：那些早逝母，從來没有抱怨過子女的不孝，但是哪一個父母真正得到了子女對養育之恩的報答呢？所以，是參加了這樣一個儀式，就可以報答父母的恩情，而是這樣一個儀式會時時提醒他們要報答父母情。

父母親緣有了些關係。一處小小的岩洞，叫阿尼桑姆禪房，據說這是在印度負有盛名的瑜伽大師丹巴之弟子，藏傳佛教比丘尼修行的創始人瑪久拉珍之轉世——阿尼桑姆曾經修行過的地方。拉珍作爲藏傳佛教史上爲數不多被載入史冊的女性，她的修爲和所提出的『能斷』修煉法對後世影大，甚至還傳入了佛教的發源地印度。『瑪久』，意爲『唯一的母親』或『獨尊的母親』，可見她隨者對她的敬仰，也可以預見她作爲女性，在她的宗教傳承理念中所賦予的母性的柔情和力量。

有很多有關阿尼桑姆的聖迹，人們口誦《空行母禮贊》，表達崇敬之情，自然，還要行供石之禮，轉山之旅中一個樸素又崇高的祭拜方式。

者要朝拜的下一個聖迹是崗突曲果，這是一片汩汩流淌的清泉，據說有一百零八個泉眼，水中的礦使得水下的鵝卵石『長』上了色彩艷麗的紅綉，看上去很美。這裏被轉山者視爲龍宮所在地，是不着葷食來到這裏的，以免讓水族、龍族受到污濁之氣的熏染。人們把吃食留在前一夜留宿的地方，拜了這一聖址，再繞道回去帶在身上。這種恭敬之情，宛若孝順的子女面對威嚴的父母，這禮數是能少更不能違抗的。

不覺中，轉山之行已走了三天。這一天，當轉山者來到扎直旺秀神山下時，這裏的人忽然多了起來。，這裏是轉阿尼瑪卿神山的另一個起始點，從果洛以西來的轉山者大多是從這裏開始轉山之旅的。藏說，扎直旺秀神山，是阿尼瑪卿神山的胞弟。有關這座山以及它的功德，在藏文古籍裏有如此記載：

> 聖地之主的弟弟扎直旺秀，是黑髮人之尊，護善之地方神，佛教大師的壽神，凶神戰神之王。他威德無比，喜歡遠處助威的『格』聲、聚集求福增長的『嗦』聲。供奉時賜予成就，祈禱時袒護很大，贊揚時體面光榮，督促時功業速成，遣使時沒有阻礙……

扎直旺秀山下，矗立着一座仿古神殿，雖算不上富麗堂皇，但也雕梁畫棟、紅磚碧瓦，頗有幾分莊嚴。這座神廟，被冠以『阿尼瑪卿藏族文化中心』的稱謂，是一位德高望重的活佛捐資修建的。神殿供奉着三尊主像：正中是大悲千手千眼佛，右面是瑪卿神像，左面是格薩爾神像。雖然是一座興建歷久建築，但因修建者和所供奉的神像身份之尊貴，也受到轉山者們的拜謁。

別了大山神的胞弟，翻越直德埡口，人們會覺得眼前豁然開朗：藍天白雲下，一浪浪的『波濤』翻，起伏着，一直涌向天邊，這些就是像波濤一樣的層層山峦和冰川了。在這千百『波濤』的簇擁下，浪高高掀起，昂首挺立在無數『波濤』之中——這是一座大冰川，藏語稱爲『日嘎東香』，意即白帳，這稱呼形象、恰當、親切。那座最高的冰峰被稱作『瑪英·扎尖瑪』，傳說是阿尼瑪卿尊母后。這是轉山路上一個重要的聖址，幾天前剛剛祭拜了帕瑪真朵的轉山者到了這裏，便紛紛開桑，磕頭，抛灑風馬，繫挂經幡，向這位偉大母親致敬，同時也祈禱自己的母親安康幸福。在扎山下，有一片湖泊，與西藏的瑪旁雍措同名。『瑪旁』，是永不言敗之意，暗喻這位母親的勇敢強。這位母親山同時也是溫柔慈愛的，它專門爲來祭拜的人們準備了一種叫『雲達拉』的天然物質，是一種對皮膚灼傷等症很有療效的物質，可以外敷也可内服。

這處有一座不大的佛塔，極不起眼，名爲『娘日』，據說是歷史上名聲顯赫的藏傳佛教寧瑪派掘藏大

在轉佛塔，虔誠祈禱，轉山者從山下走來，轉山之路的終點已是遙遙在望了。

者從果洛州府大武鎮出發，到現在已經是第六天了，再有一天他們就可以完成轉山之旅。

，因地處黃河源頭而被稱爲瑪域草原，是傳說中格薩爾王成長的地方。這裏不僅有衆多格薩爾藝人着《格薩爾王》這部世界上最長的史詩，而且還有不計其數的遺址遺迹與這部偉大的史詩息息相關。

尼瑪卿山脚下，距曲嘎納不遠的地方有一處叫果村內果的地方，藏語意爲盔甲聖址。據說，這裏伏曾經跟隨英雄格薩爾王征戰四方，降妖除怪的嶺國三十員大將的盔甲，這個聖址自然受到了崇尚英藏族轉山者的崇拜。這裏生長着的一棵柏樹，也被當作聖樹受到了人們的供奉和祭拜。距其不遠，格薩爾的煨桑臺。煨桑臺由十三座碩大的瑪尼堆圍攏而成，轉山者在這裏煨桑、祭拜，在繚繞的桑漫天飛舞的風馬中，轉山之旅宣告結束。

七個晝夜，轉山者又回到了出發時的嚓那卡朵。這時，許多轉山者會回過頭，深深地望着來路，眼流露着的是戀戀不捨的神情。

功德，指功業與德行。佛教語，多指念佛、誦經、布施等事。《大乘義章·十功德義三門分別》隋慧遠［五二三——一］著：『功謂「功能」，能破生死，能得涅槃，能度衆生，名之爲「功」。此功是其善行、家德，故云「功德」。』

等身長頭，亦稱『磕長頭』『五體投地』，指致禮者兩手、兩膝和頭着地，是佛教信徒最爲恭敬的禮佛方式之一，表示到了極點。

『瑪尼』，參見『六字真言』。

風馬，藏語謂之『隆達』，是一種用紙或者其他材料製作的卡片，上面繪有四方形圖案，圖案正中是一匹生着翅羽、翩飛的駿馬，四角繪有金翅大鵬鳥、青龍、雪獅、紅虎，據說這是象徵宇宙的結構。許多隆達的圖案還有五行、八卦等表福、還願的內容，意在祈求神靈的保佑。『隆達』一詞，在藏語中也有時來運轉之意。

文的」書寫、描畫、雕刻在建築物的檐枋、天花板、門框以及大小宗教器具、山岩、石板石塊等上面［稱瑪尼石］。其由作用一說是阿彌陀佛稱贊蓮花手菩薩［觀世音菩薩］的語言，爲一切福德智慧及萬行的根本；一說是衆生以此六字咒語六道生死之門，得解脱之道。

度母，『聖救度母』略稱，亦稱『救度母』，漢文經典多稱爲『多羅菩薩』。度母是觀世音菩薩爲救度人間衆生的衆多而示現的化身。經中說修持者能消灾增福，益壽開慧，有求必應，命終往生極樂世界。度母是藏傳佛教最崇奉的菩薩之其法相中最常見的是白度母和綠度母。藏族一般認爲公元七世紀時藏王松贊干布的漢妃文成公主是白度母的化身，尼泊是綠度母化身。

經行是佛教修行者爲鍛鍊心念對身體的控制，迴旋往返於一定之地。

業，佛教教義名詞。梵文音譯『羯磨』，意爲『造作』，泛指一切身心活動。佛教以爲人生及周圍環境，皆由自體的善惡業』造成。

福報即福利果報，佛教術語。意即衆生善行所種下的善業種子因緣成熟後，現出好的報應。

婆羅門指婆羅門教徒。婆羅門教是印度古代宗教，是西北印度土著文化與雅利安文化結合的產物，約形成於公元前一千右。

劫全稱『劫波』，或意譯『長時』。古印度用於表示世運周期的時間單位，爲佛教所接受。

輪迴，佛教指衆生像車輪運轉一樣在天堂、阿修羅、人、畜生、惡鬼、地獄六個空間內循環轉生，永無止息。

果證，佛教術語，謂果地之證悟，有層次之分，如佛、菩薩、聲聞、緣覺等。果與因相對而言，在因地修行曰『因修』，修而證果地曰『果證』。

加持，佛教術語，譯爲『依止』『加護』『神力』等。有互相加入、彼此攝持之義。密教中以神力護念、攝持爲基本意義，護持稱『加』，衆生攝受稱『持』。

藥師琉璃光佛，亦稱『藥師佛』『大醫王佛』『十二願王』。乃释尊所說東方净琉璃世界的教主，此如來事迹見《藥師光如來本願功德經》。日光遍照菩薩與月光遍照菩薩爲此如來的左右脅侍，合稱『東方三聖』，與西方極樂净土之教主陀佛及其左右脅待觀世音菩薩、大勢至菩薩之『西方三聖』相若。藥師如來在因地修行時，曾發十二大願，願爲衆生解苦，使諸根具足而入解脱，依此願而證佛果。

南瞻部洲，舊譯作『南閻浮提』，意譯『穢樹』『勝金』等，佛經中的四大部洲之一。『閻浮』即『瞻部』，樹名，『提』『洲』。此洲盛產瞻部樹，位於須彌山南面鹹海裏，故名。

金剛亥母』乃藏傳佛教中勝樂金剛的明妃［見空行母］。頭現猪形，正面一頭爲女性人首，側爲猪首，女身。其像呈或黃色，豐乳細腰，全身赤裸，與勝樂金剛相擁；怒髮上竪呈火焰狀，張牙怒目；胸前瓔珞密布，身挂人頭項鏈，足下仰面神。藏傳佛教噶舉派修持此尊者甚衆。

空行母』亦稱『佛母』『明妃』，藏傳佛教所奉明王的伴侶。主要有五位，稱『五部空行母』，即居中央的佛陀空行母，青綠；居東方的金剛空行母，身色淡黃；居南方的珍寶空行母，身色鮮紅；居北方的業空行母，身色墨綠；居西方的蓮行母，身色潔白。空行母皆爲一面三目二臂，面帶怒相，手中法器各有不同，均以舞姿立於蓮臺之上。空行母亦泛指各體佛母、天女以及有成就的瑜珈行女。

展佛，即曬佛。每逢良辰吉日，藏傳佛教徒將寺院裏珍藏的巨幅佛像抬出來展示於光天化日之下及廣大信衆面前，讓善女們觀瞻膜拜。［编者注］

阿尼瑪卿雪山在雪域高原有着至尊至崇的地位和名目繁多的頭銜，圍繞着這座大山虔誠轉山的人群常年絡繹不絕。

游牧的藏民隨季節遷徙，逐水草而居，直至終其一生。對他們來說，信仰和生活是融爲一體的。

神聖的阿尼瑪卿雪山下，轉山路途上，隨處可見經幡與煨桑臺。轉山者行進至此，即會煨桑、祭祀，敬奉他們篤信的山神。

1987.10

2005.8

1992.1

“磕長頭”是藏傳佛教信徒最虔誠的禮佛方式之一，以身敬（五體投地）、語敬（口中不停念誦“六字真言”）、意敬（心中時時想念着佛）的結合爲目標。

轉山者吃飯或夜宿，都要離遺址聖迹稍遠一些，唯恐人間的烟火之氣薰染了神靈。

地處青海省中部偏南的巴顏喀拉山，藏語稱“阿瑪尼木占木松”，意爲“祖山”。照片中，騎馬的藏胞正在趕往山中祭祀山神。

藏族、蒙古族聚居村落附近的山頂上，隨處可見“拉則”（藏語），這裏是信教群衆崇奉山神的地方，蒙古族稱之爲“鄂博”。

格薩爾王登基臺位於玉樹州曲麻萊縣麻多鄉，這裏據說是格薩爾賽馬奪魁後登基稱王的遺址。

尕朵覺悟神山上，轉山者用石頭壘起的小房子。

傳說文成公主廟後方的山崖頂上，留有文成公主的脚印，如果能够將自己的脚放入脚印中，可以消灾解厄，永保安康，許下的願望也能一一實現。因此每到大年初一，前來轉山、參拜的信衆絡繹不絕。

2005.2

臨近藏曆新年，青海省黃南州浪加村的村民們，照例開始了隆重的祭祀山神的儀式。

在青藏高原，多子多福的觀念深入人心，浪加村新年祭祀山神的主要目的便是求子，祭祀活動本身就是展示民族傳統文化的平臺。

浪加村的生殖祭舞表達的是人們對人丁興旺、五穀豐登的期盼，所有未婚女子甚至幾歲的小女孩都可以參加，她們落落大方，神情肅穆。

2005.2

在祭山神的過程中，法師起着極爲重要的作用。

藏民族祭祀山神，向大自然表達敬畏的肅穆儀式中，傳達出一種“天人合一”的古老觀念。

每年農曆六月，青海省黃南州隆務河流域的藏族、土族群衆都會舉行盛大的六月儺祭（即六月會），展開大規模的娛神、敬神、酬神活動。

圖爲懸挂在青海省玉樹州文成公主廟附近山洞前的吊石。人們在山洞前，將石頭懸挂起來，表達對山神的崇敬。在藏區，崇山拜石的觀念由來已久。

青海省河南縣南 45 公里處吉崗山北麓的尕海灘上，有一片仙女聖湖。距聖湖不遠處，有一處天然形成的大溶洞，當地人稱爲“仙女洞”并奉之爲神洞，而且還造山神像祭拜。

中國江河流域自然與人文遺產影像檔案·三江源 | 頂禮大地 | 貳_水，柔軟的堅韌 | 攝影_鄭雲峰 | 拍攝年代_1982-2012

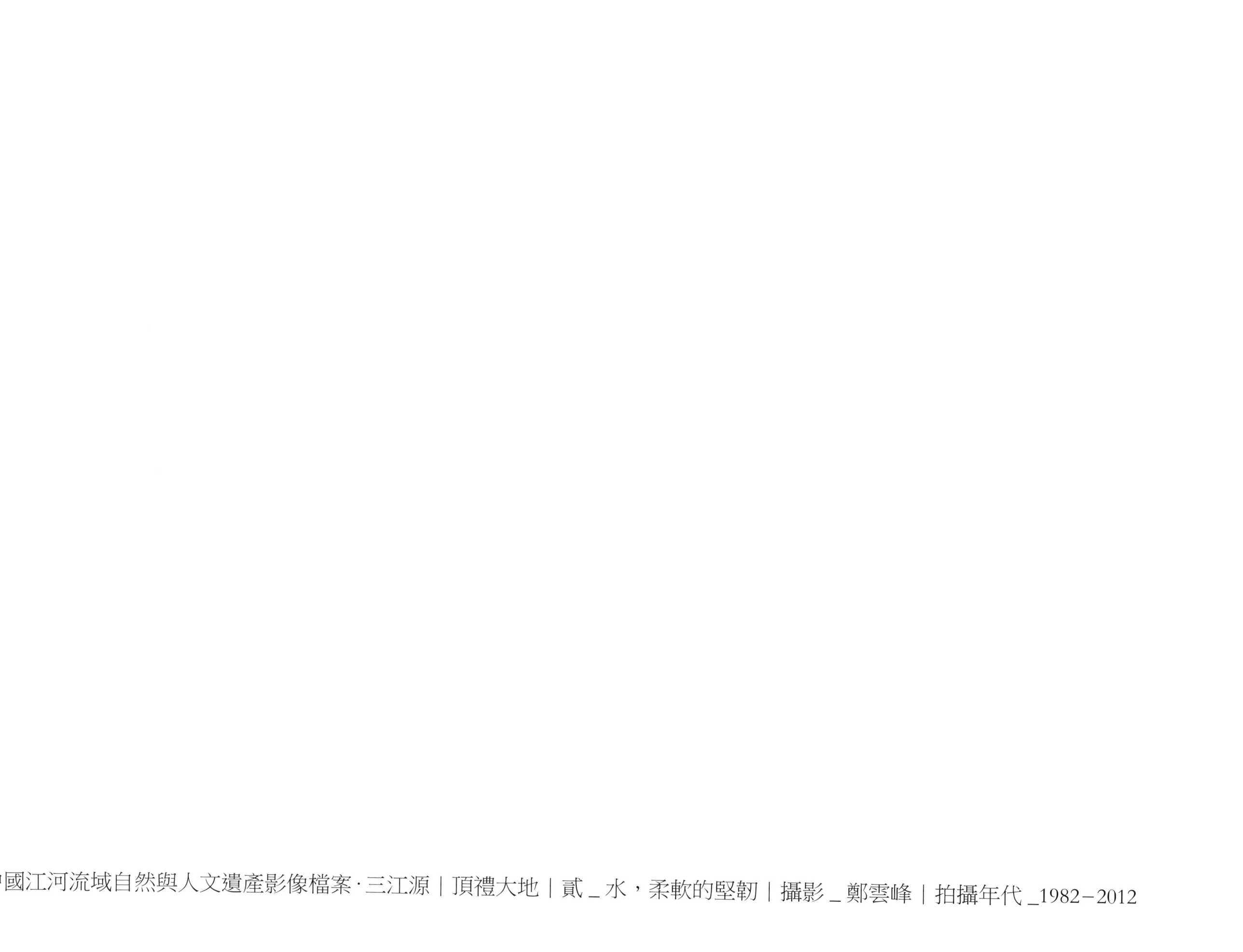

茨城県立取手松陽高等学校

茨 ※【四】※ 英

這是草原初夏的一個清晨，滾圓的太陽就像一塊燃燒着的牛糞餅，點燃了漫天的雲霞。在雲霞的映襯下浩淼的青海湖閃爍着金紅色的波光。青海湖畔的純牧業縣——剛察縣泉吉鄉的牧民才本佇立在自家帳篷門前，目不轉睛地遙望着不遠處的青海湖，眼中充滿了莊嚴虔誠。他雙手閤十，匍匐在地，許久，後慢慢地站起身來，口誦經文，目光仍然凝視着湖面。

在才本家的帳篷前，平鋪着一張大大的草席，草席上晾曬着糧食。這是他家正在準備製作『寶瓶』的材料。糧食已經晾曬了三天，今天他和兒子打算把這些糧食送到附近的寺院去。

做寶瓶是祭湖前的一項重要事情。寶瓶，是獻給湖神的供品，它既可向湖神傳遞人們的虔敬感謝之心又可表達人們祈求湖神保佑風調雨順，平安健康的心愿。寶瓶內裝有金銀銅鐵、五色糧食和草藥。在裝入寶瓶的植物中不能有豆類，不能有帶麻醉作用以及藥性猛烈、有毒性的草藥，同時也不能放肉類。信衆不可以自行做寶瓶，必須把準備好的材料清洗乾净，然後交給寺院，由寺院經過誦經加持後纔能作爲寶瓶裝填之物供青海湖神歆享。

此時，才本外出放羊的兒子周太騎馬回來了。他馬上就幫着阿爸把晾曬在帳篷前的糧食收拾起來，和準備好的其他物品一起，馱在一頭牦牛的背上。然後，他們趕着牦牛，向附近的沙陀寺走去。

沙陀寺，這座在藏區享有盛譽的寺院，坐落在青海湖鳥島的入口處，雄踞於布哈河畔的半山腰間。

沙陀寺始建於一六六五年，是環湖最大的藏傳佛教寧瑪派寺院。藏語稱之爲『扎西群科林』，意爲『祥法輪洲』。由於沙陀寺與五世達賴喇嘛曾經有一段不解之緣，加之寧瑪派寺院對自然崇拜的看重，這座古老的寺院在環湖的各種佛事活動中，特別是在祭湖活動中，一直擔當着重要的角色。

一批批用於裝填寶瓶的糧食被湖邊的信衆陸續送到了寺院。糧食在裝入寶瓶前要誦經，封口時還要誦經，然後放在一起碼齊，再誦經至少七天。誦經必須在每月的月亮將盈時，也就是上半月進行。寶瓶所放置的金銀銅鐵、五穀和草藥雖然大致相同，但却因人們認爲所誦經文的內容不同而具備了不同的功效有祈求財神保佑，財運亨通的，有祈求消病去灾，平安無憂的，有祈求身體安康，健康長壽的……而像求財、去灾的寶瓶是不能投放入湖的，要請回家裏供奉。

誦經聲飄過寺院的金頂，飄過飛揚的經幡，飄過莊嚴的白塔，飄過茫茫草原上空，也飄進了牧民家的帳房和每個人的心裏。伴隨着那美妙的和聲，裊裊的桑烟升起來了，在晴空下直上雲霄，仿佛在與神靈對話。才本和兒子把自家準備好的材料送到寺院後走出來的時候，聽着莊嚴凝重的誦經聲，才本停下脚步，雙眼濕潤了。

一個月後，祭湖儀式開始，這些寶瓶就要祭獻給青海湖，這是祭湖儀式中最爲壯觀的環節。

一支贈品儀仗隊分別拿着法杖、香爐[illegible]

中國江河流域自然與人文遺產影像檔案·三江源 | 頂禮大地 | 貳 _ 水，柔軟的堅韌 | 攝影 _ 鄭雲峰 | 拍攝年代 _1982－2012

侶誦念咒語向湖神獻祭，擁向湖岸的僧俗群衆也紛紛將祭祀禮包用力投向湖中。

此刻，經過寺院加持後的寶瓶已經運達祭湖的地點。僧侶們在湖邊繼續誦經，『告知』湖神祭湖投瓶之禮即將舉行。投放寶瓶的地點是人們事前經過嚴格勘定的。

才本一家早早就來到了湖畔，他們原本是想等到祭獻寶瓶儀式開始時，能有一個較好的位置。誰知來參加祭湖儀式的人越聚越多，甚至還來了許多外國游客。不大一會兒，才本他們就淹沒在了人群中。等到了祭獻寶瓶儀式開始時，并沒有搶到一個很好的位置。他們衹好隨着人流擠到湖邊。才本一邊口誦經文，一邊和兒子一起把幾個寶瓶用力拋向湖中。

祭湖，這一儀式，充分體現了藏民族民間信仰中的天人合一思想和樸素的生態觀念。與其說是人們在向青海湖獻寶，不如說是通過這樣一個儀式，給青海湖畔的鷗鳥和湖中的魚蟲提供食物。從二〇一〇年起，剛察縣改用豆腐、蛋卷等食物代替哈達、氆氌等材料祭湖，更是體現了這一生態理念。這一舉措受到了廣大牧民的支持和歡迎。因爲這樣，既不會污染湖水，又便於魚鷗等生物覓食。

據說，祭品向湖中投得越遠，下沉得越快，越能得到湖神的庇佑。由此，參祭的僧俗群衆踴躍投祭，以此表示對湖神的尊敬，并祈求湖神保佑人畜，地方吉祥平安。至此，祭湖儀式正式結束，而作爲祭湖儀式的高潮，『跳强木』［即跳神］儀式隨之便開始了。

跳神，在藏族和蒙古族的各種活動中都可以見到，有人說，這是自然崇拜文化的遺留。祭湖之日表演假面舞蹈以求祛祟迎新，消灾祈福，祈求湖神保佑，是祭湖民俗活動中新設的內容之一。至今，每當祭湖之日，環湖寺院的僧侶們便會穿起錦綉長袍，戴上華麗的面具，在鼓樂聲和誦經聲中威嚴起舞。

▼ 祭湖、儀軌：塵封的歷史

青海湖原本與黄河相連，是黄河依依不捨地告別扎陵湖、鄂陵湖之後，在向東奔騰之旅中欣喜相遇的又一個姐妹。在十三萬年前，由於新的地質構造運動，原本還是淡水湖的青海湖周圍山地猛烈抬升，從上新世末，湖東部的日月山、野牛山迅速隆起，使原來注入黄河的倒淌河被堵塞，迫使它由東向西流入青海湖。由於外泄通道堵塞，青海湖於是演變成了堰塞湖，加之氣候變得乾燥，青海湖也由淡水湖逐漸變成鹹水湖。

青海湖是國家級風景名勝區和自然保護區，被聯合國列入《國際重要濕地手冊》等公約。湖中有海心山、三塊石、鳥島、海西山、沙島五個形態各异的島嶼。每一個島嶼都是一道風景，景觀獨特，各具風采，尤其以鳥島名聞遐邇。

青海湖畔是水草豐美的廣袤草原，自古以來，就是世居在這裏的游牧民族賴以生存的牧場。他們在這裏打馬馳騁，放牧牛羊，這裏是他們美好的家園。他們心懷感恩和敬畏，虔誠地祭拜着這片神奇的水域

中國江河流域自然與人文遺產影像檔案·三江源 | 頂禮大地 | 貳 _ 水，柔軟的堅韌 | 攝影 _ 鄭雲峰 | 拍攝年代 _1982–2012

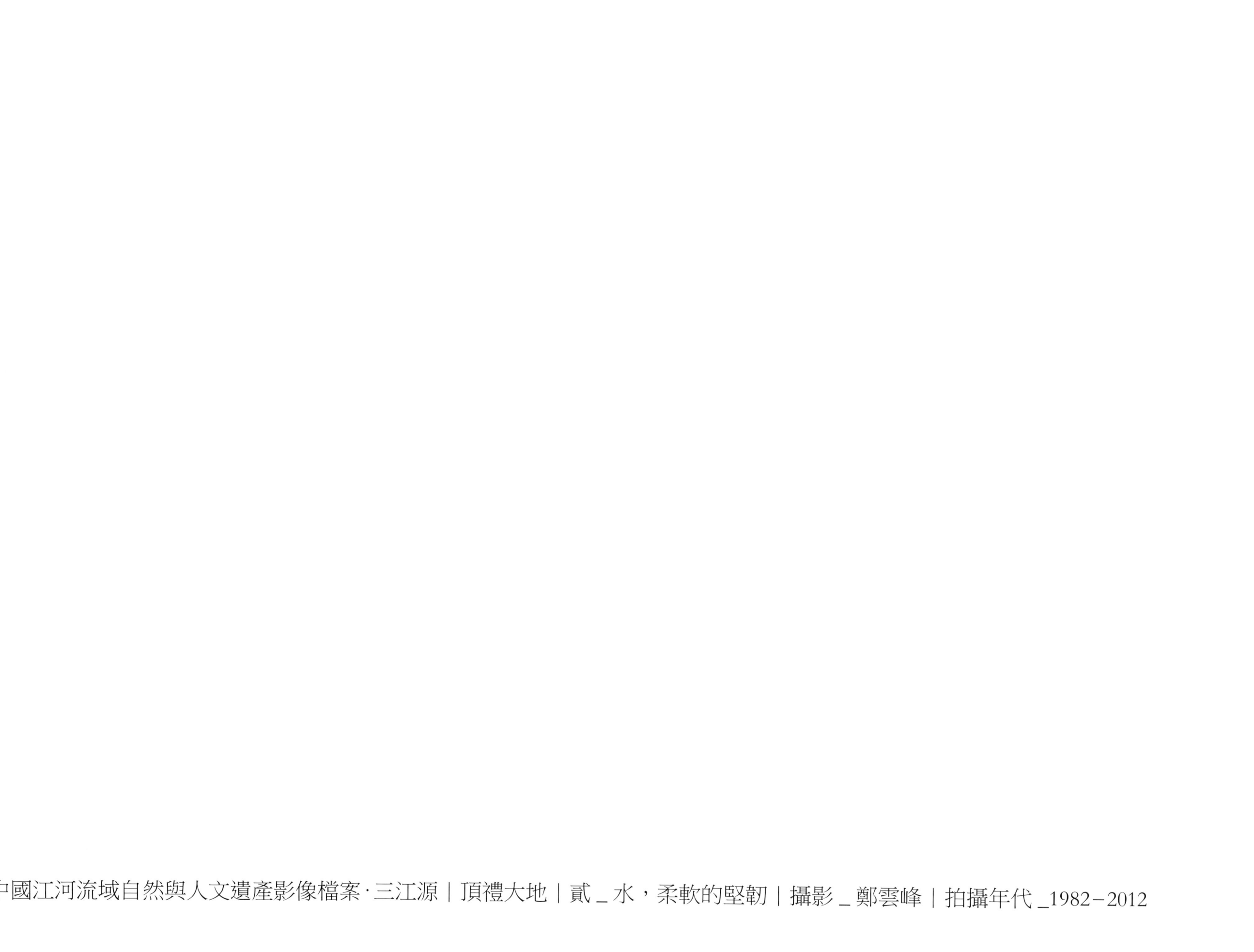

高原民族對青海湖的祭拜，主要有兩種形式：一是轉湖，一是祭湖。

轉湖，和轉山一樣，起始於右繞佛像的佛教祭拜儀式，也是一種穫取功德和力量的宗教修煉。藏傳佛認爲，湖水具有八種善德，同時也是龍族的居所，轉湖祭拜，可以洗滌自身的污濁和痛苦，也可以得龍族的護佑。特別是在藏曆羊年轉湖，人們可以穫得平常年份數倍的功德，因此，每逢羊年，青海湖轉湖祭拜的信衆便絡繹不絕。

祭湖，最初也是高原民族對山水自然崇拜和敬畏的樸素表達，慢慢地，也有了面對神湖起誓盟約，解部族間糾紛與爭戰的習俗。統治者敏銳地捕捉到了這種習俗中可以利用的因素，於是主動介入，使得一民間宗教儀式慢慢有了政治色彩。

青海湖有很多古稱：『鮮海』『鹹海』『卑禾羌海』等，其中常見的一個稱謂是『西海』。公元四年西漢已經在全國設立了東海、南海、北海三郡，爲了取『四海歸一』之意，封青海湖爲西海，在青海地區設立西海郡，青海湖從此便成爲名副其實的西海了。

青海湖既然作爲四海之一，自然要受到更爲正式的，明顯帶有官方意志的祭拜。由於路途遙遠，交通便等原因，官方的祭拜儀式雖然隆重——皇帝親自參加，但衹能是『遙祭』，也就是在皇宮就近設祭壇，朝着青海湖的方嚮祭拜。

早在殷商時期，殷墟甲骨文中多次出現『燎祭西王母』的卜辭，據專家研究，這是史籍上有關祭湖活的最早記載。

唐天寶十年［七五一年］正月，唐玄宗封青海湖神［西王母］爲『廣潤王』，并遣使致祭，這是皇家青海湖神的首個封號。之後由於變亂，祭祀曾一度中斷。直至宋仁宗慶曆元年［一〇四一年］，青海神又被加封爲『通聖廣潤王』。宋理宗寶祐元年［一二五三年］，蒙古人用兵青海。寶祐二年，蒙古統者召集蒙古王公在日月山祭天，在青海湖祭湖。元世祖至元二十八年［一二九一年］，忽必烈下旨敕封海湖神爲『廣潤通靈王』。及入明，朝廷均在京城郊外對青海湖進行遙祭，尊青海湖神爲『西海之神』

清雍正元年［一七二三年］，固始汗的孫子、失去了先祖爵位封號的羅卜藏丹津經過周密策劃，舉兵清。清廷委派年羹堯爲撫遠大將軍，岳鐘琪爲奮威將軍進駐西寧，統一指揮平叛大軍。岳鐘琪在追擊卜藏丹津的過程中，爲取悅雍正帝，上了青海湖『顯靈』的奏摺，奏稱：『兵到哈達河，襲守地賊，奔一晝夜，士馬俱渴，塞外嚴凍，忽涌泉成溪，人馬歡飲，遂追入崇山，殲敵二千。』雍正帝接到奏後大喜過望，剛剛坐上皇帝寶座的他正需要藉助這樣的『祥瑞』來鞏固自己的地位。於是在第二年，就是公元一七二四年，封青海湖爲『正恒』，并在雍正四年三月，敕封青海湖神爲『青海靈顯大瀆之神』。九月，清廷在青海湖畔立『靈顯青海之神』石碑，碑用漢蒙藏三種文字，并修建了碑亭，同時官員至青海湖畔祭湖。

從雍正元年開始，有關祭拜青海湖的記載見諸各類史料，之後的乾隆、嘉慶、道光、光緒、宣統等皇帝均對青海湖進行過祭拜。

中國江河流域自然與人文遺產影像檔案·三江源 | 頂禮大地 | 貳 _ 水，柔軟的堅韌 | 攝影 _ 鄭雲峰 | 拍攝年代 _1982–2012

的指派，前往西寧主持祭湖儀式，這是民國時期規模最大的一次祭湖活動。當時的環湖八族各王公剛察千戶、汪什代海千戶、達玉千戶、千卜錄千戶、昂索等參加了祭湖儀式，并向朱紹良獻上了駿馬牛羊和貴重的土特產等，這位國民黨長官也向與會者回贈禮物，其中還有自己的照片。

自清代以降的三百年中，祭湖儀式隨着政治、社會、文化的變化而變動，但也有一個大致不變的規程每年祭湖，都要嚴格按照這個規程進行。規程大致是這樣的：祭湖的時間一般是在農曆七八月間，屆清廷派一位欽差大臣到西寧，或者由當時的青海辦事大臣代理，由這位官員主祭，再由地方官員陪祭祭祀開始後，向湖神靈位祭獻馬牛羊三牲，以及酒、茶、果品、五穀等祭品。經過初獻、亞獻、終獻項程序，行三跪九叩之禮。在這期間，還要誦讀用漢藏蒙等文字寫成的祭文。這些規程都完成後，祭儀式便宣告結束。

祭拜儀式結束後的第二天，主持祭湖儀式的官方還要大擺宴席，大宴賓客。在宴席上，有個活動叫搶宴備兩桌肉菜，放在大院之外，由群衆搶奪食用。活動就此被推上高潮，此後各種民間和寺院的歌舞、神活動便開始了。你方唱罷我登臺，一派熱鬧景象。

正如祭湖儀式有着一定的規程一樣，人們舉行祭湖儀式的地點也少有變化。從清順治十年一直到民期間的幾百年，歷次的祭湖活動地點主要有三處：沙陀寺、克圖埡豁和察罕城，不過克圖埡豁遺址已不存。

沙陀寺原位於剛察縣泉吉鄉西南處的年乃索麻，這裏離青海湖衹有咫尺之遙。不遠處，有一眼清泉汩噴涌，這就是『達賴聖泉』。聖泉一側，還有一座裝飾着許多馬頭的拉則，這就是著名的『馬頭拉則清順治十年〔一六五三年〕，五世達賴喇嘛洛桑嘉措進京覲見順治皇帝，在返回西藏途中，途經剛察草晚上宿營在沙陀地區。由於長途跋涉，人乏馬困，又缺飲水，大隊人馬精神不振，行走艱難。達賴喇指示幾個隨從去尋找水源，隨從幾經尋找，在南坡叢草亂石之間，尋得一處流泉。人們痛飲這甘甜的泉一時間神清氣爽，皆大歡喜。當時，達賴一行視這一奇迹是青海湖的恩德，於是按照藏傳佛教儀式繞轉經，向青海湖表達謝意。後來，這裏便有了一座拉則，有識之士在泉邊還修成一座寺院，這就是沙陀在沙陀寺舉行祭湖儀式就是從那時候開始的，沙陀寺的祭湖活動在每年的藏曆五月初四舉行。傳承至

沙陀寺還一直保持着跳神表演的傳統，并且建立了藏戲院，以演繹英雄史詩《格薩爾王》故事爲主。在每年的祭湖活動中也可以看到他們表演的藏戲《格薩爾王》。

察罕城，當地群衆叫『白城子』，屬省級文物保護單位。遺址在海南藏族自治州共和縣倒淌河鄉約十二公里的山根下，城牆高大厚實，城遺址的平面呈四方形。據《共和縣志》記載：『城東西四百二十米，南北寬三百六十五米，東西門各一處。殘牆高三米，寬三米。西門外照壁高三米，頂寬點三米。城外西北方一百米處乃海神廟遺址，南北長四十七米，東西寬三十米，地面建築已蕩然無存該城是環湖諸城中規模較大，保護較好的古城遺址。』

現在的海神廟是在原察罕城舊址上重建而成。海神廟東臨青海湖，內有祭湖石碑、佛殿和展廳。

中國江河流域自然與人文遺產影像檔案·三江源 | 頂禮大地 | 貳_水,柔軟的堅韌 | 攝影_鄭雲峰 | 拍攝年代_1982-2012

這一儀式所蘊含的生態理念和民族團結和諧的寓意也引起了環湖地方政府的重視，促使這一民間宗教活動真正成爲群衆性的節日。現在的祭湖儀式一般由寺院主持，包括煨桑、祭敖包［即拉則］等儀式。

▼ 煨桑、敖包祭：與神靈對話

『拉加洛！』隨着一聲響徹天宇的高呼，衆人的呼喚也隨之響起，雖然參差不齊，但却一聲高過一聲接着，風馬被拋撒在了空中，彩色的雪花在空中飄飛。這是青海湖畔一個古老的藏族部落，正在舉行煨桑儀式。

不論是轉山轉湖，還是在一些特定的日子或者重大的事件開始之前，都要舉行盛大的煨桑儀式。煨桑有兩層含義，一是净化，二是獻供。高原藏民族認爲，衹有用植物和五穀燃燒的芳香熏染天空和大地，纔能够净化空氣，净化自己；有清潔的環境，纔能讓神靈接近自己，保佑自己。他們覺得神靈衹要聞到煨烟的芬芳便會赴宴歆享，衹不過這美食是用松柏枝、艾蒿、石南等香草的葉子燃起的靄靄烟霧。在人們心目中，煨桑是通告天地諸神的神聖儀式。

煨桑臺一側，僧侶們高聲誦念經文，就在這抑揚頓挫的誦經聲中，一位德高望重的長者登上煨桑臺點燃松柏枝。隨後，螺號聲聲，烈焰蒸騰，祭祀者或騎馬或步行，圍着煨桑臺順時針方嚮繞行，把哈達和撒着五穀雜糧的桑料、白酒、糖果等祭物向煨桑臺投獻，口中誦念着贊頌地方神、戰神或者山水之神的祭文，向高空不斷拋撒風馬，不時地大聲呼叫着諸神的名字。

藏語『隆達』，漢語謂之風馬，是一種用紙或者其他材料製作的卡片，上面繪有四方形圖案，圖案正中是一匹生着翅羽、翩然欲飛的駿馬，四角繪有金翅大鵬鳥、青龍、雪獅、紅虎，據説這是象徵宇宙的結構。許多隆達的圖案還有五行、八卦等表示祈福、還願的內容，意在祈求神靈保佑。『隆達』一詞，在藏語中也有時來運轉之意。

『拉加洛』用漢語可以簡單解釋爲『神勝利了』。從這簡單的口號和煨桑者肅穆的表情中，我們似乎可以揣測，在遠古時期，煨桑儀式的前身也許是出征前的誓師大會，勇士們跨馬操戈，整裝待發，去迎接一次次部族間的征戰。而如今，戰爭的身影已經遠去，和平的陽光照耀着華夏的每一寸山川大地，但現種民族記憶和英雄主義氣概却以特定儀式的方式，留駐在了每一個高原牧民的心中，又以煨桑這樣一種古老的儀式代代相傳。

『敖包』是蒙古語，藏語謂之『拉則』，意思是山頭或者山尖。拉則是藏區山口、山坡、主峰、邊界等處用石、土等材料堆砌的堆子，其上插有長竹竿、長箭、長木棍、長矛，繫有各種顏色的經幡。

有關拉則的起源有多種説法，其中，近代藏族著名學者更敦群培認爲，拉則源於贊普時代。松贊干布在紅山上修建了紅宮後，在宮頂插上箭簇做裝飾。後來百姓在贊普駐地插箭作爲尊崇權威的象徵，從此成爲一種普遍的習俗。

中國江河流域自然與人文遺產影像檔案·三江源 | 頂禮大地 | 貳_水，柔軟的堅韌 | 攝影_鄭雲峰 | 拍攝年代_1982–2012

的含義發生了很大的變化。拉則已不僅僅是牧人行路的標志，也成爲藏族牧人心目中神的象徵，漸漸尊爲神物，以至於後來成爲藏族的習慣：出遠門前要祭拜拉則纔外出，行人路經過拉則時，都要下馬拜，祈禱平安，并在拉則上添幾塊石頭或幾抔土後再上馬行路。

祭拜拉則的活動在草原上十分隆重。事先，各家各戶就要準備木箭、煨桑的香料、隆達、糌粑、哈達祭品。祭拜之日，人們首先要煨桑，隨着煨桑臺上點燃的桑烟飄然升起，人們一邊繞着煨桑臺做順時方嚮轉行，一邊把祭品拋灑在煨桑臺上，同時吹響海螺號并鳴響槍。人們高呼着『拉加洛』，向空中擲隆達，頓時，隆達紛飛，遮天蓋地。接着，人們把木箭插入固定的拉則上。插箭之時，特邀來的僧們開始誦念經文，所有的人則圍着拉則按順時針方嚮邊走邊施禮膜拜。

地處青海湖畔的剛察草原，有三座與衆不同的拉則，分別是『馬頭拉則』『牛頭拉則』和『羊頭拉則』各自蘊含着人們對於牛羊肥壯，多產良駒美羔的美好寓意，所以受到了以游牧爲生的藏族和蒙古族俗群衆的虔誠膜拜。

馬頭拉則，藏語爲『達秀拉則』，其位於五世達賴聖泉附近。剛察草原自古就是適宜養馬之地，聲名播的『青海驄』就誕生在青海湖畔。在史書中，專門記載了在青海湖地區以及在海心山上培育青海驄歷史：『青海周回千餘里，海內有小山。每冬冰閤後，以良馬置此山，至來春收之，馬皆有孕，所生駒，號爲「龍種」，必多駿异。』

牛頭拉則，藏語爲『諾秀拉則』，是用牛頭堆砌成的圓錐形祭壇。其上挂滿五顏六色的經幡，獵獵風起經幡翻飛，顯得非常莊嚴和神聖。

牛頭拉則位於沙柳河鎮以南十二公里處，此處灌木叢生，綠草如茵，溪水清澈，尤其到了九月份，赤鴨、黑頸鶴、大天鵝等鳥類常聚集於此地，構成一道迷人的風景綫，給人一種返樸歸真的自然美的享受

羊頭拉則，藏語爲『朝木熱拉則』，位於哈爾蓋鄉境內，這座拉則全部由自然死亡的『神羊』［放生羊頭堆砌而成，一層層，一個個的羊頭從地上壘起，高有丈餘。

拉則上雖然木箭林立，但戰爭的烽火却已成爲歷史的記憶。衹是憑着對先祖的懷念和記憶，高原牧民然傳承着這一古老的儀式，年復一年，從不間斷。繚繞的桑烟中雖然顯現着馬背民族神勇威武的身影但他們所祈告的，却是對和平生活的贊美和嚮往。

剛察草原上的這三座拉則，當地人合稱『三牲拉則』。青海湖環湖草原以畜牧業爲主，游牧於草原上藏蒙牧民自然希望牛肥馬壯，五畜興旺。透過草原民族對拉則的祭拜，也可以看到，神聖的宗教儀式其實蘊含着的是人們對世俗生活所寄托着的美好願望。

＊九十三頁註：《甘珠爾》，是藏文大藏經两个组成部分之一，另一部分名《丹珠爾》，係論著部的譯本。『甘珠爾』意佛語部的譯本，包括三藏中的經藏和律藏中的佛語部分。據德格版統計，共收書一千一百零八種，一百二十帙「函」，編

青海湖西岸的湖灘上，布滿了大小不一的白色石頭，當地人奉之爲“神石”。在藏區，人們常在屋頂、門頂、窗臺以及土地中央供奉白石。他們相信白石是雪山的精華，是家庭的保護神，田地和莊稼的守護神。

每年夏天，當地藏族群衆都會成群結隊地來到青海湖邊，用自己的方式來祭湖，祈求國泰民安、人畜興旺、五穀豐登。

2010.6

祭湖的主要程式包括法舞表演、致祭、鳴炮、煨桑等。圖爲由喇嘛組成的儀仗隊。

湖畔撒滿了風馬（隆達），人們叩首長拜，祈求神靈的佑護。

1988.7

黃河源頭所在的約古宗列盆地內，綠草如茵，流水潺潺，一個牦牛頭骨被牧民恭敬地擺放在草原上。在三江源地區，牦牛崇拜十分普遍。

在青海省黃南州河南縣的尕海灘，有一泓平如明鏡，藍如寶石的小湖。湖水深約 1 米，當地群衆稱爲“拉毛蘭木措”，意即“仙女湖”，當地人常用拉則和聖潔的白石祭湖。

人們在仙女湖邊積聚白色的石頭，表達內心的虔誠。

2010.2

通天河上的“架經橋”。通天河，古稱“牦牛河”，位於萬里長江之上源。

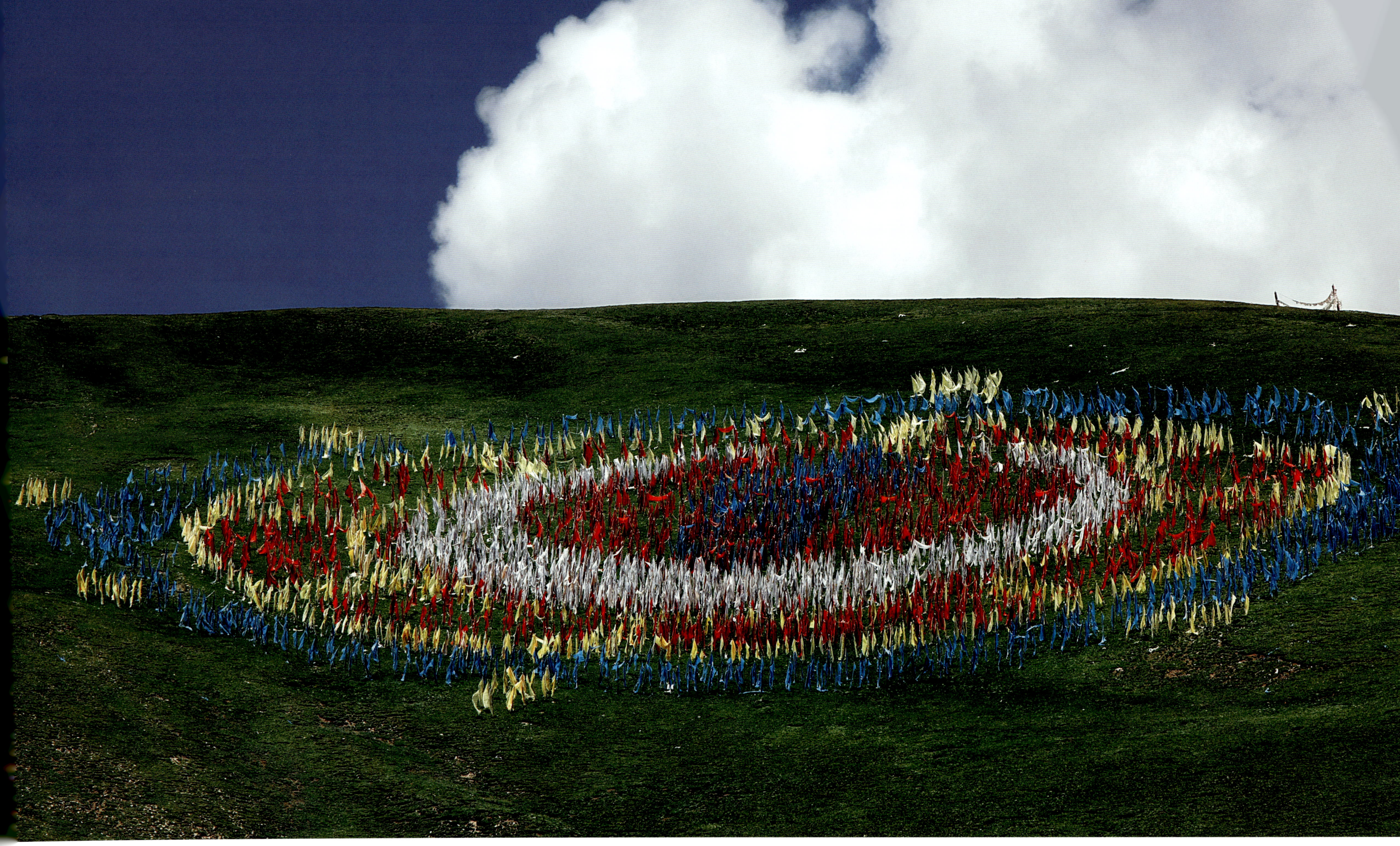

拉則多設在山頭上，用石塊或土塊堆成，上面飾以五顏六色的經幡。位於青海省玉樹州稱多縣清水河竹節寺附近的這處經幡陣蔚爲壯觀。

鄂陵湖畔的山上，人們在拉則附近，用紅色經幡將一面山坡都裝飾成了赤紅的寶塔，虔敬之心可見一斑。

佛教傳入藏區以後，民間祭祀活動和宗教活動結合起來，使拉則進一步被神化。

在青海省果洛州多貢麻寺附近，人們用經幡搭成了一座彩色的帳篷。

在遼闊的青海湖畔，不時可以見到用大小石塊堆積起來的石堆，上插柳枝，當地人稱之爲“神樹”。

經幡如林的拉則，原本是人們在遼闊草原上設置的道路或邊界之標志，後來則演變成祭山神、路神和祈禱豐收，家人幸福平安的神聖之所。

在遼闊的青海湖畔，不時可以見到用大小石塊堆積起來的石堆，上插柳枝，當地人稱之爲“神樹”。

祭拉則時，人們自帶細毛繩，一頭拴在旗杆上，一頭固定在地上，上年紀的老人把揣在懷裏的布條、白羊毛、馬尾、牛毛，一撮一撮地拴到從拉則拉過的繩子上。

祭拉則的時間，一般選擇在農曆五月或七月。

2010.8

瑪柯河林區位於青海省果洛州班瑪縣東南，是中國重點生態公益林區，被列入三江源自然保護區的核心區。
在這裏，散布於林間的拉則仿佛在昭示着“神”對這方熱土的眷顧。

中國江河流域自然與人文遺產影像檔案 · 三江源 | 頂禮大地 | 叁 _ 人，自然的兒女 | 攝影 _ 鄭雲峰 | 拍攝年代 _1982–2012

第※【叁】※章

自然的朋友

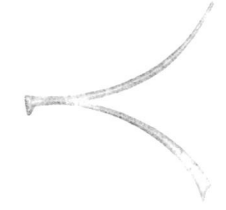

人是自然的兒女。正如那個久遠的傳說中，美麗的女神——女媧用水和土捏製出了人類最初的先祖一樣人類很早就懂得人與自然的關係，懂得自己是大自然不可分割的組成部分，是大地上的一粒細沙，是水中的一滴水珠。基於這樣一種認識，人類所有的宗教祭祀活動，幾乎都是對自然的感恩和崇拜。對高原民族來說更是如此。在這片被譽爲『最後的淨土』的大地，少有工業文明的浸染，因此，這裏的與自然的關係，更顯得相濡以沫，休戚與共。

轉山、轉湖、祭湖……都是高原民族向大自然表示親近的一種方式。山的走嚮或者水中的波紋甚至會被們看作是自然以神的名義給予他們的旨意和暗示，他們據此安排自己的生活，一切都受命於大自然的安排

神秘的自然孕育了最初的宗教，懷揣信仰的高原民族，宛若懷揣珍寶一樣守護和珍惜着自己的信仰。藏族歷史上，就多次發生過人們爲信仰而不惜付出一切甚至生命的故事。

青海黃南草原，因爲地處黃河南岸而得名，它靜默地安臥在黃河著名的『S』形大轉彎的右旋部。有位藏族民間英雄曾經在這裏隱姓埋名，度過自己輝煌之後安逸平靜的餘生。有關他的故事至今還在藏廣爲傳播。

這位英雄名叫拉隆·貝吉多吉［見編者注『朗達瑪』］，他和從西藏逃到這裏的餚格迥、藏饒賽、瑪爾·迦牟尼一道秘密弘法，這片土地便成爲藏傳佛教『後弘期』的發祥地。

由於藏傳佛教最早進入了青海的這一地區，作爲藏傳佛教最爲古老的流派——寧瑪派在這裏傳播甚廣至今，這裏仍是寧瑪派盛傳的地方。這個教派以專修密宗和咒術著稱，據說他們傳承和弘揚的是以吐時期所譯的舊密爲主。

在傳播佛法的過程中，貝吉多吉們經歷了何等的艱辛，承擔了何等的恐懼和壓力，這一切已經在歷史雲烟裏飄散得蕩然無存。雖然如此，却也留下了一個實據，至今仍記錄着他們的智慧和努力，當然，有他們的虔誠和執着。

在黃河岸畔赤紅的土地上，一窪窪生長着麥子和青稞的土地鬱鬱蔥蔥。一個人從田埂上閑散地走來，河水的波光映照在他的臉上，在他的臉上一閃一閃地跳躍着，宛若時間的踪迹，就像歷史的影子。這人一身褐紅的衣袍，長長的髮辮纏繞在頭頂，一塊與衣袍同一質地的褐紅色頭巾緊緊裹住了髮辮——這是一個被當地人稱作『阿赫巴』的人。阿赫巴，意即『密咒師』，他們信仰藏傳佛教寧瑪派。雖然宗教人士，但與其他佛門僧侶完全不同的是，他們沒有出家，依然娶妻生子，過着平常人家一樣的日子却從未間斷過藏傳佛法的修行。

這就是帶髮修行——修行者蓄着長長的髮辮，這種髮辮被稱做『阿赫拉』，意即『密咒之髮辮』。

帶髮修行，娶妻生子，據說這是他們爲了掩藏僧侶的身分，擺脫朗達瑪①餘黨的追殺，讓自己混迹於普

中國江河流域自然與人文遺產影像檔案·三江源 | 頂禮大地 | 叁 _ 人，自然的兒女 | 攝影 _ 鄭雲峰 | 拍攝年代 _1982–2012

較完整地傳承了這一修行傳統。在敦煌藏文文獻中有『兩部僧伽』之說，有人說指的就是出家僧人和密咒師人們驚异於他們的髮飾，也就經常有人會問及他們關於修行的一些事情，他們便會耐心地解釋，在藏語有『身穿褐紅袈裟之出家者』和『身披白色袈裟之蓄辮者』之說，以這樣一句話證明他們的修行方式早已有之

阿赫巴開始蓄髮時，要經過活佛或上師誦咒加持灌頂。髮辮對他們而言是非常神聖的，終生不得剪下拆散，除非在特殊場合。如見自己的上師和活佛時可以拆下纏繞在頭頂的髮辮以示朝拜和尊敬。除了纏髮辮再裹頭巾以外，阿赫巴平日的裝束跟普通老百姓并無兩樣。在特定的宗教場所從事正規的宗教動和儀軌時，阿赫巴與寧瑪派僧人相同，也穿紅色袈裟，不同的是外披白色的披風袈裟。

密咒師，安多地區的藏族除了叫作『阿赫巴』外，也叫作『宦』，據說這個稱謂源自古時的藏族軍隊古時軍隊中有一個被稱作『日』的單位，每一個『日』都會有一個『宦』，叫『日宦』，負責出征時擇吉日，祭祀卜算等。後來這一習俗被保留了下來，村莊或者搭建帳篷的地方仍然被稱作『日』，那負責婚喪擇日，爲小孩取名，防雹護苗等等佛事和世俗事務的，自然被稱作『宦』。

但凡阿赫巴的家裏，都會有比一般的家庭要『正式』很多的佛堂，供奉着佛祖、蓮花生大師，燃着酥燈、香火，還置放着羊皮鼓、銅鈸等法器，因此，宗教的氣氛也要比一般的農家要濃鬱得多。每天清早當妻子走進厨房爲一家人準備早餐的時候，阿赫巴的早課就開始了。鍋碗瓢盆的碰撞聲和低沉舒緩的經聲混合在一起，世俗的生活和精神的修煉就這樣糾纏在一起。飯做好了，誦經聲也停止了。吃完飯一家大小便出去勞作，或放牧或種地，晚上回家，早晨的那一幕在日落時分又開始重復。就這樣日復日，年復一年，對他們來說充實而又自得。

這種田園勞作和精神修煉兩不誤的生活方式，在這裏很普遍。在這裏，世俗的生活和精神的信仰得到統一。

▼ 曬佛：藍天大地間的慈容

廣袤的黃河源區海拔極高，寂靜遼闊，除了游牧於這裏的藏族牧民，人迹罕至。這是一片地理上的荒野却是文化的熱土。這片土地，氤氲在一片濃鬱厚重的藏傳佛教文化氣息之中，這裏的人們心懷信仰，他們的生活因此顯得寧靜安詳。地處黃河源區的果洛草原，素有『大地吉祥園』之譽，大概就是因爲這原因罷，在這裏，格魯、寧瑪、噶舉、覺襄等不同教派的藏傳佛教寺院星羅棋布，各具特色。與游牧這裏的牧民都居住在便於遷徙的帳篷裏一樣，這些寺院初建時大多爲帳篷寺院，在後續的發展中，經不斷增建、擴建、改建、重建，形成了一定規模，許多寺院發展成爲在某一領域或者派系有一定影響的寺院。一般來說，每個寺院祇信奉一種教派，一寺一派，但也有合兩派爲一寺的。不論甚麼派系，然修行方式和傳承系統有所不同，最終的目的還是弘揚佛法，普度衆生。

行走於黃河源區，常常會有這樣的奇遇：在牧草稀疏的草原上，或是在牛毛帳篷一側的草坡上，與一位

中國江河流域自然與人文遺產影像檔案·三江源 | 頂禮大地 | 叁_人,自然的兒女 | 攝影_鄭雲峰 | 拍攝年代_1982-2012

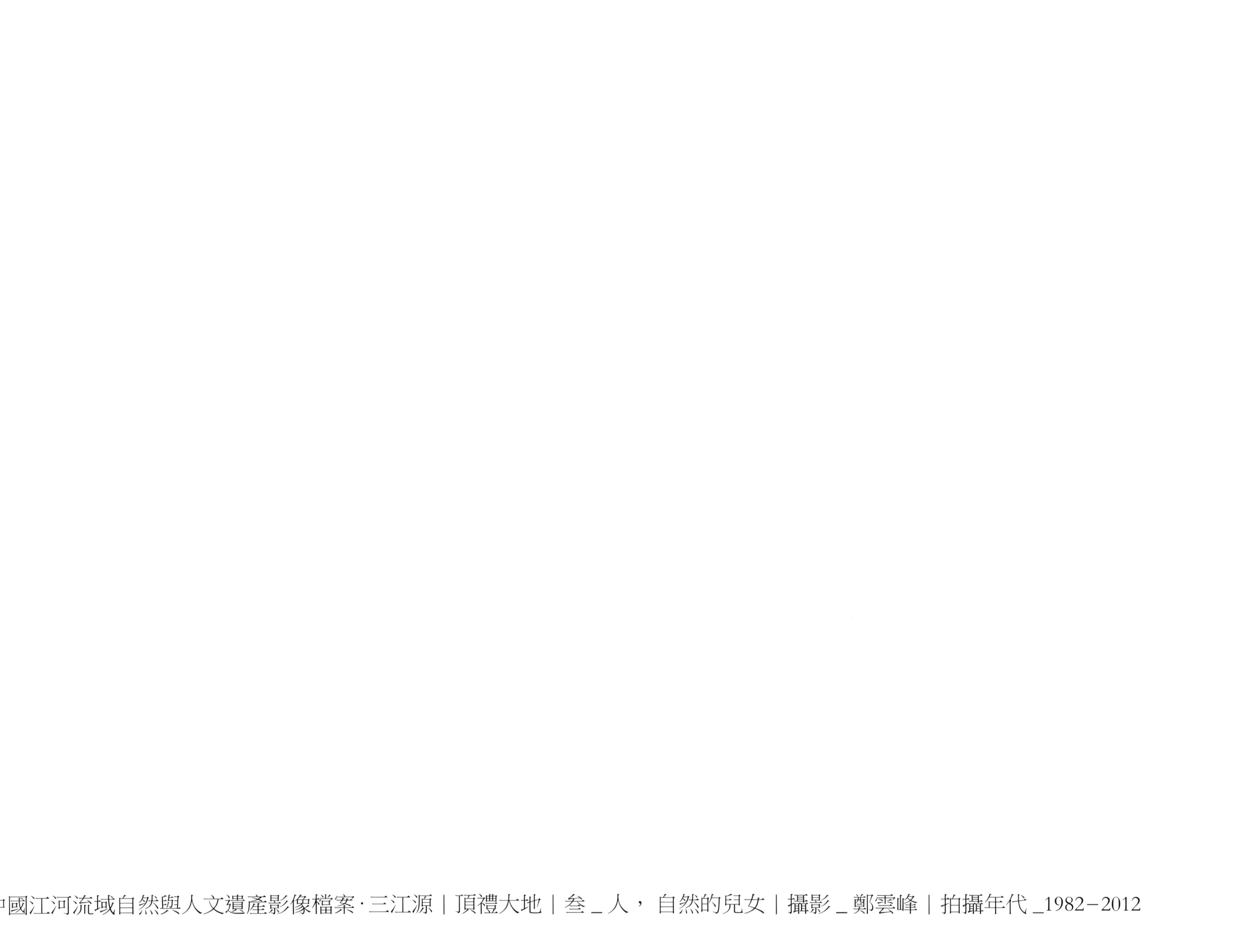

是豐富和偉大。也是因爲這個原因，人們很難見識和覺察到這裏濃鬱厚重的文化氣息。但這種文化氣息某一時刻會集中地迸發出來，以一種近乎張揚的方式展示在世人面前。『曬佛』，便是這樣一種展示方式

曬佛，民間還有『晾佛』『亮佛』等稱呼，規範的稱謂應該是『展佛』。展佛的起源，據說是因爲佛降生時，九龍吐水洗浴全身，因此後世僧俗在農曆四月初八佛誕紀念日，瞻仰佛容、聽經受法，沿襲俗。信奉藏傳佛教的人們認爲，一睹佛容可以纍積無上功德，所以在青藏高原，各大藏傳佛教寺院會各種節日及慶典時舉行展佛活動。許多寺院都藏有巨幅絲識佛像，有的長達四五十米。

每年到了展佛時節，當黎明把東方的天空渲染成袈裟般的絳紅色之時，鏗鏘的鼓鈸和齊鳴的法號便告了一個吉祥的日子到來了。太陽冉冉升起，鼓樂和法鈸的奏鳴變得更加激昂。此時，就看見幾十僧衆扛着一條『長龍』從寺院前方的山腰間走來，早就在山坡上翹首企盼的人們頓時沸騰起來，歡呼着向着『長龍』擁去。許多人加入了扛『長龍』的隊伍，而更多的人則在『長龍』下穿梭——據說這可以沾染上『佛氣』，祛病消災。鼓樂和法號聲繼續着，悠揚的誦經聲忽而高昂忽而低迴，穿梭在悅耳動聽的佛樂之中。四處桑烟繚繞，柏枝點燃的异香彌漫在空氣之中。佛樂前導，香烟開路，在院活佛的主持下，衆僧和圍觀的群衆把『長龍』請到展佛臺前懸挂起來，并且一層層地徐徐打開。原來這是一幅製作精美的巨型佛像！隨着佛像的不斷展開，慈悲的佛陀也像祥雲圍攏下光芒萬丈的太陽般，一點點地展露出慈容。此刻，僧俗群衆沸騰起來，不斷把自己手中潔白的哈達拋向佛像，許多眼含熱泪，五體投地，虔誠地磕着等身長頭。

僅僅十幾分鐘，展佛活動就結束了，而周邊的僧俗群衆，却爲此惦念、企盼了整整一年，但每一個人臉上都寫着滿足和喜悅。對他們來說，這神奇的展佛儀式，不啻親睹佛陀降世，此生能够瞻仰佛容，是前世修來的福分。

展佛，除了是僧俗群衆朝拜供養佛陀的一種特殊的方式，另一方面，也是爲了防止佛像遭受霉變和蟲的一種措施。這種大型佛像，是極其稀少的唐卡珍品。

藏傳佛教各個寺院展佛的時間不盡相同。在青藏高原黄河上游的各大藏傳佛教寺院，從藏曆新年開始隆冬季節，幾乎都有展佛活動。久負盛名的塔爾寺展佛活動，是在每年藏曆四月和六月兩次法會期間行，據說是爲了紀念釋迦牟尼佛誕生、成道、涅槃、彌勒出世，宗喀巴誕生和圓寂。塔爾寺有釋迦牟佛、獅子吼、宗喀巴、金剛薩埵四種巨大的堆綉佛、菩薩、高僧像，每次祇展一種。

展佛儀式結束後，在塔爾寺内的廣場上就要舉行跳强木［即跳神］活動，這是人神聯歡的盛會。

*① 朗達瑪，亦譯作『達磨』，又稱『達磨贊普』『朗達瑪烏東贊』，吐蕃王朝末代贊普。由於他發動滅佛運動，藏佛教徒說他是『牛魔王』下界，遂在其名字前加一『朗』字［藏語意爲牛］以示反感。朗達瑪初信佛，唐開成三年［公八三八年］爲反佛貴族大臣杰刀熱等擁立，下令禁佛。其間，吐蕃國內封閉、拆毀大量寺院，燒毀佛經，毀壞佛像，對衆或誅殺、流放，或逼令還俗。此次滅佛運動對吐蕃佛教流傳是沉重打擊，此後佛教在藏地百年不見起色。這段時期，藏佛教史籍稱爲『滅法期』或『黑暗期』。以此爲界，此前時期被稱爲藏傳佛教『前弘期』，此後爲『後弘期』。與朗

每年農曆五月間，青海省黃南州同仁縣浪加村村民要到寺院把經卷背到田野，圍繞田間，煨桑膜拜，然後再把經卷放回寺院，這就是背經。

參加背經的人絡繹不絕，許多兒童也參與其中。

在村民們看來，幫助寺院背經，是向佛陀表達虔敬的一種方式。

1993.2

寺院僧人給信衆施聖水。人們相信釋迦牟尼佛的大智慧會如甘露聖水充滿全身，自己由此得到了一切諸佛、菩薩、金剛等大智慧聖者的加持和能量。如果有幸被活佛“摩頂”，更是無上榮幸。

1990.2

磕完長頭的女子坐下來小憩，雖然身體疲憊不堪，內心卻滿是喜悅。

2011.4

在塔爾寺殿堂外圍，信徒們原地不斷磕長頭，或還願，或祈求神靈保佑、賜福免災。

在以藏戲和石經牆名聞遐邇的黃南和日寺，人們點燃酥油燈，虔誠祈福。

黃南州隆務寺正月法會期間，四方信眾爭相往觀。

藏曆新年的第一天，青海省玉樹縣結古寺中傳出了早課的誦經聲，僧人們開始進行連續 15 天的新年祈福。

虔誠的藏傳佛教信徒相信，衹要持之以恒地把日夜默念的“六字真言”紋刻在石頭上，這些石頭就會具有一種超自然的靈性，給他們帶來吉祥如意。圖爲玉樹境內的瑪尼石堆。

藏族人形容牢固不變之心爲“如同石上刻的圖紋”，認爲在石頭上留下的痕迹保存久遠，所以在青藏高原各地的山間、路口、湖邊、江畔，到處都可以看到瑪尼石堆。

每逢節慶和重大佛事活動，和日寺附近幾乎所有的藏族人都會放下手中活計，焚香沐浴、穿戴整齊、趕來朝聖，并整日轉經，以表達對佛的敬仰和崇拜，祈福求吉。

佛塔附近禁止大小便

1994.7

轉經筒又稱“瑪尼”經筒，與“六字真言”有關。

2011.8

藏民用以手搖的轉經筒，也叫“瑪尼輪”。

1982.9

手搖的瑪尼輪，質地可分金、銀、銅幾種。

1994.3

藏族是個全民信教的民族，他們在這個小小的瑪尼輪上，寄托了內心的虔誠和希望。

2003.10

在藏族家庭的屋頂上，經常可以看到依靠風力運轉的“風瑪尼”。

2011.7

“水瑪尼”的轉經輪上裹着各種經文、經幡，有的還裝有銅鈴，經輪旋轉時，銅鈴隨之響動。

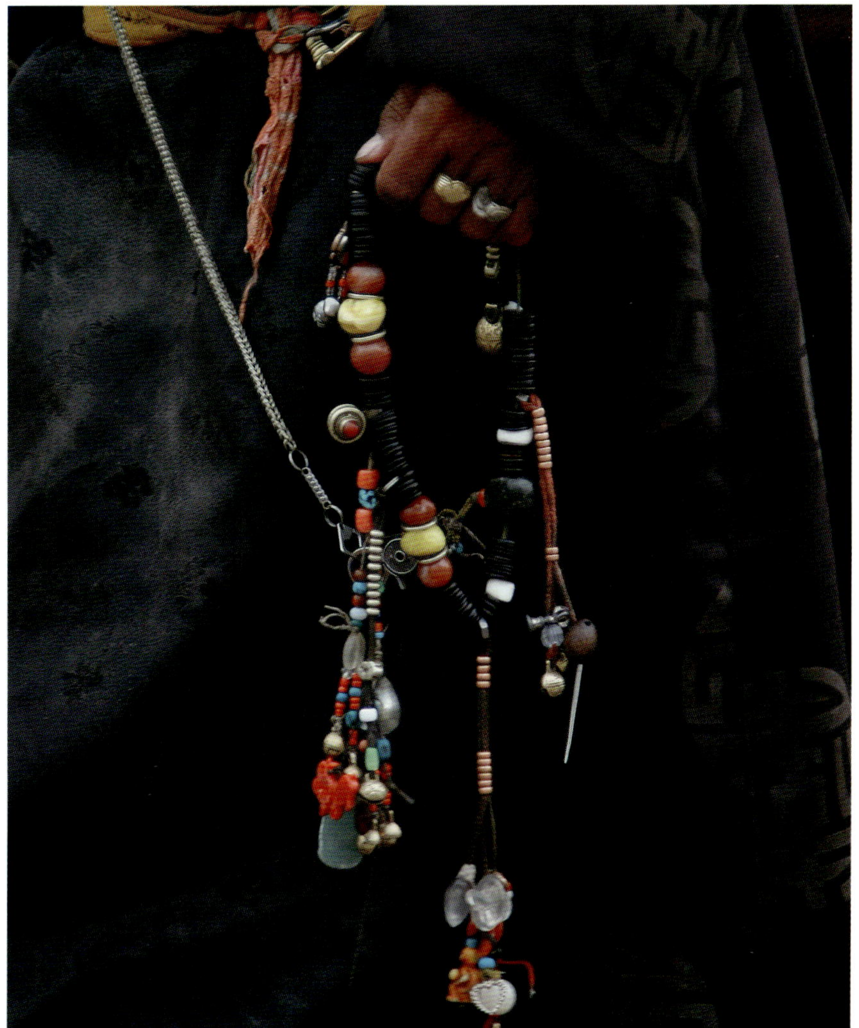

2005.2

捲起來的巨型佛像唐卡有如長龍。人們爭相加入扛“長龍”的隊伍裏，更多的人則在“長龍”下不停穿梭，據說這樣可以沾染上“佛氣”，驅邪消災。

早春時節，近百名藏族小夥肩扛巨型佛像唐卡，猶如長龍一般行進在黃南州的山路上。一年一度的“曬佛節”即將舉行。

2005.2

青海省黃南州吾屯下寺，正月法會期間，四方信眾紛紛趕來參加曬佛儀式。

當巨幅佛像徐徐展開，佛光普照之際，人們紛紛伏地膜拜。

中國江河流域自然與人文遺產影像檔案·三江源 | 頂禮大地 | 肆_花,大地的供奉 | 攝影_鄭雲峰 | 拍攝年代_1982-2012

▼ 芳香簇擁的佛堂

水，是上天對大地的賜予。

當夏季來臨，當太陽的慈悲之光普照大地，好似被賦予了某種『魔力』的水便在大地上奔涌開來。它以河和雨水的方式擁吻大地，使大地激情膨脹，以色彩和芳香張揚着自己的感動——鮮花是大地愛情的旗幟

在黄河上游，大片草原覆蓋了這裏的山川原野，各種各樣、色彩艷麗的野花盛開在草原，碧綠的草原得豐滿而絢爛。

在古時候，人類敬畏天神，敬畏大自然，大自然就是人類心目中至高無上的神。自然而然，人類便采花朵去供奉上天，供奉大自然。

花被當作佛教的供養物，當佛教在印度等地傳播之初，就已經有了這方面的儀規。佛教傳入藏區後，一儀規也隨之傳入，但在所供奉的品類上有了因地制宜的改變。

依據佛教儀規，供奉活動有五供或者十供之説，指的是在做佛事時，奉獻給佛、菩薩的五種或十種供品五供爲花、熏香、燈、淨水和食品；十供則包括：花、燈、淨水、熏香、塗香、撲香、衣、飾品、傘和幡。不論是五供還是十供，花在佛教供奉之品中皆被列在首位。除此之外，還有百供和千供，藏語別稱爲『甲却』和『洞却』，指香、花、燈、水和珍饈各滿一百或一千份的供品。這種供奉，一般是大法會時，或者爲超度亡魂而做法事時方能去做。獻百供或千供，要依施主的經濟能力而行。

▼ 心髓裏的淨土意識

在青藏高原的黄河源區，每逢藏曆四至六月，草原綠草如茵，野花姹紫嫣紅，蜂蝶飛舞，鳥雀鳴唱，派短暫而又美好的盛夏時光。而就在這個季節裏，在這片山水中星羅棋布的大小寺院裏，身着絳紅色裟的喇嘛們却正在進行一種苦修——雅乃。

『雅乃』，藏語，意爲『夏天的禪修』。早在佛陀住世時期，『結夏安居』[1]就是僧伽修行的一種方式這是因爲夏季天氣變暖，百蟲驚蟄，萬物復蘇，在此期間僧人外出活動難免踩殺生命，損毀花木，有佛教慈悲爲懷的宗旨。因此，藏傳佛教格魯派的戒律中規定，藏曆四月至六月期間，僧人衹能在寺廟念經修行直到六月底方可解禁。其間，寺廟衆僧須潛心禪修，不允許婦女踏入寺院禁地，以免擾了僧的清淨。這樣，僧人就把一個大美的夏天留給了草木，留給了鳥雀，留給了天地萬物。

其實，雅乃蘊含着樸素的生態保護理念，這種與自然和諧相處的理念，幾乎存在於藏族生活的方方面面藏族篤信藏傳佛教，藏族民間的生態保護理念與藏傳佛教有着密切聯繫，生活中處處接受着佛教教義監督和規範，傳達出對生命，對自然環境的尊重與愛護，這裏包含了不殺生、素食、放生等行爲，并

中國江河流域自然與人文遺產影像檔案·三江源 | 頂禮大地 | 肆 _ 花，大地的供奉 | 攝影 _ 鄭雲峰 | 拍攝年代 _1982-2012

或許，正是因爲如此，十多年前，當藏羚羊絨紡織品『沙圖什』在西方走俏，可可西里藏羚羊慘遭獵的時候，治多，這個地處玉樹藏族自治州中西部的偏遠縣城，立即成立了『西部工作委員會』，以保藏羚羊。時任該縣縣委副書記的杰桑·索南達杰帶着簡單的裝備和幾名隊員，毅然決然地走進了可可里腹地，在和盜獵分子的鬥爭中，索南達杰獻出了寶貴的生命。正是因爲如此，一個被稱爲『野牦牛隊的近乎於民間組織的野生動物保護團隊，承擔起了藏羚羊的保護工作。直至這個組織最終解散時，他共破獲盜獵案件數十起，查繳藏羚羊皮近萬張。正是因爲如此，可可西里自然保護區野生動物保護管局成立至今，一直堅守在海拔近四千米的荒野中工作，經常冒着凛冽的寒風和紛飛的大雪，在攝氏零三四十度的嚴寒中堅持開展保護野生動物的活動，這種精神令人欽佩。

如今，可可西里已經聽不到獵殺野生動物的槍聲，但保護這裏生態環境的努力却一直在持續。

也是因爲高原民族樸素的生態保護理念使然，當青藏鐵路就要穿越這片古老的高原凍土，向着聖地拉進發時，高原人一方面難掩自己喜悅的心情，一方面也爲這裏原始、獨特、高寒、脆弱的生態環境感擔憂。國家爲了保護青藏高原生態，青藏鐵路工程用於這方面的資金就達十五億圓之巨，對生態環境評價，成了設計和施工的首要元素，并實行了環保監理制度。隨之，一系列的環保措施在鐵路沿綫實施使這條『天路』真正成爲生態之路。環保列車實現『污物零排放』。在自然保護區内，鐵路綫路遵循『繞』原則，避免破壞植被，建立野生動物通道，保障野生動物的正常生活、遷徙和繁殖。加强拉薩等藏城鎮基礎設施建設力度，建設和完善城市污水處理，垃圾填埋，公厠等設施……

當青藏鐵路通過茫茫高原時，那些野生動物已經不像以前那樣惧怕人類了，它們祇是昂首張望却不竄，人與自然之間和諧與親近的關係正在得到修復。在藏羚羊遷徙的季節，它們成群結隊從鐵路綫下它們預留的通道飛奔而過的景象，已經成爲這片高原上新的、獨特的風景。

如今，一條神奇的『天路』宛若長虹一般飛架於世界屋脊之上，對這樣一條大鐵路進行描述時，那些如雄奇、壯美之類的詞彙便會在人們腦際接踵而來。甚至可以這麼說，在漢語詞彙中，但凡可以用形容浩大、壯美的所有詞彙，几乎都可以用於對這條鐵路的禮贊，即便如此，也不會讓人產生誇張、浮或者言過其實的感覺，因爲這條鐵路原本就是一個人間奇迹。

▼ 爲黃河梳妝

貴德，是黃河經過漫漫草原之旅，流經的第一個農業縣。可以說，以黃河爲底色的中華五千年農耕文就是從這片山清水秀的地方開始的。『天下黃河貴德清』，這裏的黃河水清澈潔净，有着少女一樣的真和温婉。因此，也有人說，貴德段的黃河，是黃河的『少女時代』。

貴德素有『梨都』之譽，這裏盛產一種俗稱『長把梨』的水果。每逢陽春三月，這裏便『千樹萬樹梨開』，大地山川一片素白，更是爲少女黃河增添了一種聖潔和高雅。梨花，成了這片肥沃的土地對滋了它的感恩和供奉。

國稱爲『夏安居』，或簡稱『夏坐』『坐夏』。開始階段稱爲『結夏』，結束稱爲『安居竟』『解夏』。〔編者注〕

賞、流連。在這裏，人們驚嘆於史書中頻稱『濁流宛轉』的黄河却是那般清澈碧藍。不僅如此，『水與生命』主題音樂會，每年在世界防治荒漠化和乾旱日期間舉辦，生態和環保的理念在當地蔚然成風。

無獨有偶，就在貴德大地上梨花紛繁的時候，黄河之濱的民和土鄉，也是一片桃花的世界。爛漫的桃花如雲似霞，爭奇鬥艷，點綴着這裏的山野鄉村，田間地頭，讓人疑惑來到了陶淵明筆下的桃花源。正田苗吐綠的季節，桃花深處，總是有穿紅戴綠的人影在閃動，那是忙於鋤禾的人們擦去臉上的汗滴，在小憩，一首山歌野曲便在那裏響起：

桃花兒開［者］三月三，
馬蓮花開在［個］路邊；
我給尕妹［們］唱半天，
我的［個］妹妹啊，
花叢裏露出了笑臉……

民和『桃花會』便在這悠揚婉轉的『花兒』歌聲中開始了。

民和山川歷史悠久，在這裏發現的新石器時代的大型聚落遺址——喇家遺址已有四千多年的歷史。這址內還分布着許多史前時期與青銅時代的古文化遺址，諸如從廟底溝時期、馬家窑文化、齊家文化到店文化等多種類型。被認爲是青海最早漢族的寺院——能仁寺見證了漢族從我國南方西遷青海的艱歷史。這片古老的土地，也存留了許多非物質文化遺產，除了花兒會、土族納頓節之外，被譽爲中國老戲劇的活化石，我國唯一一部首尾保存完好的大型戲劇劇本《目蓮寶卷》在這裏被發現。該劇目中『山會』的表演［赤脚登上由一百二十把鋼刀組成的刀山］在這裏尚有遺存。

大通河聽從了黄河的召喚，一路奔涌而來，它先是與湟水河匯合，接着便與黄河相擁在一起。在它流門源的時候，被稱作浩門河。蔚藍的浩門河，在門源大地上創造出了『門源油，滿地流』的神話，讓偏遠的一隅成爲菜籽油的豐饒產地。每逢油菜花盛開的季節，這裏便是一片金黄色的天地，滿目的金好似凝固的陽光，又似流淌的金河。這耀眼的底色，襯托着這裏的藍天白雲，青山綠水，紛繁的色彩人目不暇接。一年一度的門源『油菜花節』便在這大美的季節裏拉開帷幕。

正如貴德梨花節關注自然環境，民和桃花會傾心文化生態，在一望無垠的油菜花盛開的田野上，生態環保、和諧，越來越多地占據着歷届油菜花節的舞臺。爲了彰顯這些主題，門源人煞費苦心：油菜花周邊的小煤窑一個個被關閉；水源涵養和天然林保護項目相繼實施。爲這片花海，爲門源，爲高原淨構建生態屏障，這，就是他們的目的。

保護高原生態環境，也是所有三江源兒女的目的。因爲他們知道，他們今天對生態的保護，正是爲了天的事業得以繼續。

上天爲大地賜予了水，大地向上天供奉了多彩美麗的花。高原大地，當花團錦簇的春季來臨時，一個恩的神聖時刻就來到了。三江源的兒女們懷着感恩的虔誠之心，用花的艷麗和芬芳爲黄河母親梳妝，是，在黄河的岸畔，梨花如雪，桃花紛艷，油菜花金黄。盛裝的黄河，就這樣一路婉延，滾滾向東

2008.10

2005.8

2006.7

作爲“中華水塔”，三江源地區對於氣候變化格外敏感。近年來，由於氣候變暖，雪山雪綫明顯上升，黄河源區盐碱化加重。

2006.7

從這兩幅圖片可以明顯看出，僅僅 20 多年的時間，阿尼瑪卿雪山的雪綫已經大大上升。

1985.9

阿尼瑪卿雪山脚下的一條河，20 年前清澈見底，20 年後一片渾濁，這充分表明了冰川融化在加劇，生態環境逐漸趨劣。

1986.7

20 多年前的青海湖畔，湖岸蜿蜒，群鳥翔集；20 多年後，青海湖畔的同一個地方，藻類、有機物嚴重污染了原本清澈透明的湖水。

黃河源頭的植被因過度放牧而遭到嚴重破壞，野生動物的生存也受到極大威脅。近年來，當地政府開始實施退牧還草計劃。

亂砍濫伐造成三江源區植被的嚴重破壞，進而導致水土流失。被破壞的生態環境極難自然恢復，而人工恢復代價高昂。

巡視一天之後，疲憊的可可西里保護站的巡山隊員們正在扎營。

巡护
巡护
青O 20118

涉溪流、蹚稀泥、夜宿荒野，這些都是巡護隊員的日常功課和家常便飯。巡山途中，風景不斷變化，但每天不變的是：泥潭、風雪、陷車、拉車。

青藏鐵路下的藏羚羊通道。

2009.8

2010.8

青藏公路上的養路工，工作條件十分艱苦，他們無時無處不在挑戰人類在極端環境下的工作極限。圖中遠處的大山是念青唐古拉山。

青藏鐵路兩側的防風固沙帶。青藏鐵路大部分綫路處於高海拔地區和無人區，建設時要克服多年凍土、高原缺氧、生態脆弱等諸多難題，建成後同樣面臨着保護環境、維護軌道安全的重任。

西王母瑶池

尾・聲

三江源，昆侖祖山經絡，西海聖湖血脉。讀不盡嚴寒中擠壓的艱辛，畫不出高峻中聳起的勝景。痛苦的淤塞，裂地的切割，終於一瀉千里沃土，恩澤億萬生靈。隱匿着繁星那樣多的未知，煥發着世界矚目的新葉，怒放的是悠遠的民族之魂，傾瀉着昨日的神話，涌動着文明的蔚藍！

呼號的風雪，滌蕩過幾多舊迹陳痕？靜默的大山，鎮壓着幾多烈火熾漿？九曲迴折的浪峰，響起黃鐘大呂，渾厚悠揚。歷經脫胎換骨的煎熬，哺育着中原大地。波濤裏飄起古城更鼓，朗朗不絕的經聲，飛濺出花兒的旋律。映出康巴舞影，溢出酥油奶香。禽獸幽鳴，綠林的嚮往，草野的繁花夢，戈壁的幻象，一齊托出大美的意境……

它們，既豐腴又貧瘠，既遙遠又親近，既博大又平樸，既奇特又鮮活……於是我們站在極地上，呼喚仰承三江恩養的同胞們，朝覲三江之源，保護靈魂家園，盡一點兒女情分：感悟她苦澀中孕育的繽紛，體味她喧虺中折射的肅穆，觸摸她重壓下稀疏的清澈繫念她潔白裙裾消退的襤褸……哪怕是爲我們的母親河添一片

編・後・記

本書編委會

爲三江源地區編寫圖像志，傳神寫照，然後自源頭而下，以點帶綫、以綫帶面地沿着中華民族的母河——長江、黄河和瀾滄江書寫我們民族自己的圖像志，這個想法萌生於一九八二年，正式編纂工則始於二〇一〇年。

經過三年多的撰寫、選圖、編輯工作，二〇一四年初，《中國江河流域自然與人文遺産影像檔案・三源》這十本充滿體量感的大書終於呈現於讀者諸君面前。此前則是攝影家鄭雲峰先生長達三十一年撇捨業、篳路藍縷、餐風茹雪的艱苦歷程。他滿頭的青絲，如今已蒼蒼如雪，未曾改變的唯有不已的壯和脚下漫漫的長路。

如今，我們從雲峰先生海量的圖片庫裏，分門別類、擇其菁華、結集出版，名曰『影像檔案』，一定度上實現了前述目的，也實現了雲峰先生的夙願，編者尤感欣慰！

譬如藝術家，每個人都有自己的絶活，技藝、風采面面不同，這十本書就是十個藝術家，在這紙質的臺上，給讀者諸君奉獻了十齣精彩的節目。

我們將這個書系定名爲『中國江河流域自然與人文遺産影像檔案』是有所考慮的。

江河湖海不但是生命之源，還是文化之源。正如馮驥才先生［中國文學藝術界聯合會副主席］在序言所説：『人類的源頭在江河的源頭裏；人類的歷史在江河的流淌中。一旦人類離開了這些江河就必然亡，所以人們稱這些最本源的河流爲——母親河。』既然如此，母親河的流域必然是民族文化的淵藪奔騰不息的母親河不但供給生活於這片流域的人們得以生存的水源，還日復一日地塑造着他們的性格襟懷，完善着他們的精神世界。這個榮耀的名單裏有歐洲的伏爾加河和多瑙河，非洲的尼羅河和剛河，美洲的密西西比河和亞馬遜河，亞洲的幼發拉底河、底格里斯河、印度河和恒河，當然，還有我中華民族的黄河、長江和瀾滄江［湄公河］。

之所以稱『自然與人文遺産』，乃是因爲本書輯録的圖片，所反映的内容大都已經時過境遷，産生了化，有的甚至已經不存在了，無論是自然景觀，還是民俗文化，都産生了這樣的結果。比如江源人民服飾［見《高原彩虹》卷］，像狐皮帽、水獺皮氆氌、豹皮邊飾……進入二十一世紀，慢慢不存在了因爲人們的環保意識不斷提高，也因爲野生動物的數量在逐年減少。再比如該卷中多民族的服飾，現也發生了不同程度的變化，傳統服飾逐漸爲時尚的現代服飾所替代。還有江源民族的棲居方式［見《意棲居》卷］，原先游牧的生活已經改變了，他們住進了磚瓦房，用上了各種各樣的現代化電器，放也騎上了摩托車，開上了卡車。更不必説《山宗水源》《錦綉極地》中的影像，幾乎可以説是夢、幻泡、影，消融的雪山，退縮的冰川，乾涸的海子，風化的岩石，大片的沙丘……還有那退化的草甸，

留下這十本大書，將這些變化記錄在冊，就像歷史學家秉筆直書一樣。創作者對於三江源所發生的種種變化，是作爲親歷者進行觀察，并將之記錄下來，最終彙集成視覺的資料集，以資專家和研究者們發微闡幽，管中窺豹，將來以更爲準確的文字將圖片記載的內容，隱含的寓意闡發出來，抑或藝術家、文學家們在欣賞這些圖片時，觸發靈感，創作出優秀的作品。這就是『檔案』的含義所在了。

關於宗教藝術，本書在擷選圖片并撰寫圖片注釋時，也有一些考慮。很多的優秀宗教藝術品，如唐卡，其製作年代和作者已多不可考，我們僅能從畫面內容上辨識出些許蛛絲馬迹，撰寫圖片注釋時，頗感為難，亦不能不留有『餘地』。此外，在學界研究存在爭議的問題上，本書也留有一定餘地。如關於瀾滄江源頭的描述［《錦綉極地》卷］，序言作者［鄭度院士］的觀點與正文作者并不一致，本書未作統一處理。再如一些古代墓葬存在歸屬爭議，本書亦避免鑿鑿予論。此類問題還有一些，篇幅所限，不再贅述，尚乞讀者諸君諒解。

總體而言，本書的文字是引導式的、記錄式的，這也是葛劍雄先生在主持本書編委會期間一再强調的——文字可以仁者見仁、智者見智，但决不可畫蛇添足。

本書采用中文繁體字，亦有所考慮。三江源是中華民族的母親河之源、文化之源，這筆財富不僅屬於居住在祖國土地上的人們，還屬於廣大的海外華人華僑。以繁體字的形式出版，正是爲了一個目的，那就是讓全世界的中華民族兒女，都能够從這個書系中認識三江源，引發他們熱愛三江源，珍視三江源，宣傳三江源，保護三江源，爲我們民族有這樣偉大的土地而深深自豪的情感。

本書嚴格遵照國家語言文字規範，摒棄了『並』『佈』『為』『遊』『夠』『裡』『卻』『淚』『線』『
『疊』『佇』『傑』『異』『潛』等近一百個异體字，但保留了部分舊字形，如『差』『起』『別』『
『搖』『吳』『黃』『角』『過』『雪』『花』『錄』『呂』『溫』等，如前文所述，這是出於在海外推廣傳播的目的，由於本書題材和篇幅的關係，這裏就不將之整理成表，一一列出了。

爲了便於讀者閱讀，編者謹慎地加了注解。關於地名，編者參考了中國地圖出版社出版的《新編中國地圖冊》；一般性詞語和古漢語解釋，編者參考了商務印書館出版的《現代漢語詞典》和《古代漢語詞典》；佛教術語，編者參考了鳳凰出版社出版的《佛教大辭典》；關於歷史資料，編者則參考了漢語大詞典出版社出版的《二十四史全譯》及九州圖書出版社出版的《二十六史大辭典》。

比起鄭雲峰先生海量的三江源圖庫，本書輯錄的不過是九牛一毛，即便如此，亦居然有十卷之巨。爬梳剔抉、精華中選出精華，固知成一書之難了。十卷之中，兩卷爲自然遺產，八卷爲人文遺產，這也符合我們『以人爲本』，從人類文化的視角審視宇宙人生的原則，正如古聖先賢老子所說：『故道大、天大、地大、人亦大；域中有四大，而人居其一焉。人法地，地法天，天法道，道法自然』。本書起於《山水源——中國三江源地區自然地質風貌》，終於《頂禮大地——中國三江源地區宗教活動》，這正是强調了大地對於人類文明的重要性，人類文明的未來，正是要依靠脚下的大地，愛惜它、保護它，我們纔有前途。

本書在編輯過程中幸得馮驥才先生在百忙之中創作了精彩的序言，他從『視覺人類學』的角度，提出了『影像檔案』的概念，爲我們的編輯思路指明了大的方嚮。

葛劍雄先生［復旦大學圖書館館長］從河流『倫理』的角度，强調了三江源作爲中華民族至高無上的『精神母親』的意義所在；王魯湘先生［鳳凰衛視高級策劃］對本書提出了專業性、科普性、文學性和藝術性的『四性』要求，對本書系的編輯風格大有裨益；鄭度先生［中國科學院院士］，霍巍先生［四川大學博物館館長］，林少華先生［中國海洋大學外國語學院教授］，羅桑開珠先生［中央民族大學藏學研究院教授］，喬曉光先生［中央美術學院非物質文化遺産研究中心主任］，石碩先生［四川大學歷史系教授］，于青女士［人民出版社副總編輯］等學者和作家爲本書創作了精彩的序言；石碩先生，馬有福先生［青海省伊斯蘭協會常委］，馬光星先生［青海省民間文藝家協會副主席］，龍仁青先生［青海省《格薩爾》工作委員會委員］、樊穎女士［青海廣播電視臺高級編輯］對本書進行了通讀，在歷史、地理、民族、宗教等問題上給予了把關，提出了專業性意見和建議；白漁先生［青海省作協名譽主席］以杖朝之年，勞碌奔波，組織青海省優秀的作家隊伍撰寫文字底稿，并親自潤色；作家鄭立山先生、設計師楊子先生在本書的編輯、改寫和裝幀設計工作之中傾注了大量心血；北京雅昌彩色印刷公司的專業服務是本書得以保持較高水平印裝質量的牢靠保障……還有許多爲本書出版提供過幫助的人和機構，在此并致謝！

最應該感謝的是雲峰先生，如果不是他三十一年的辛苦付出，我們無法看到母親河源頭沉甸甸的歷史影像，更無由感知三江源跨越三十一年的美麗與憂傷。藉此影像檔案將付梨棗之際，我們向『當代徐霞客』鄭雲峰先生致敬！

行文至此，編者非常忐忑，深恐蒹葭倚玉樹之譏。但爲了讓讀者諸君對編纂這十本大書的緣起和原則有所瞭解，只好不揣淺陋，呈文於諸君之前，以爲引玉之磚，懇請諸君針砭斧正。

山曰水曰筆授　二〇一三年五月二十一日深夜

中國當代人文地理攝影家，1941 年生於安徽蕭縣。

英國皇家攝影協會高級會士，中國攝影家協會會員，原江蘇省攝影家協會副主席。

○

從上世紀 80 年代始，鄭雲峰就致力於長江、黃河和瀾滄江等大江大河的記錄性攝影工作

拍攝了這些江河流域內的自然地理、生命狀態、歷史遺存、

宗教信仰、民俗傳承等內容的珍貴圖片 20 多萬幀。

○

1997 年 2 月，鄭雲峰趕在長江三峽工程蓄水之前，搶救性拍攝記錄了三峽地區自然和人文的

他打造了一隻小木船，過上了“日飲長江水，夜宿峽江畔”的生活；

他花了七年半時間拍攝了 5 萬多幀圖片，爲國家和民族留下了不可再得的珍貴歷史影像

○

出版有《永遠的三峽》《守望三峽》《唐蕃古道》 等著作 11 部；

在中國大陸、香港、臺灣等地區以及歐美數十個國家和地區舉辦了

“永遠的三峽”“擁抱母親河”“母親河的呼喚”等大型影展。

○

近年來先後穫得“中華文化人物獎”“中國攝影五十年突出貢獻攝影家”

“中國國家圖書獎”“中國民間文化守望者獎”“中國攝影傳媒人物大獎”“中國當代徐霞

“文明中國 · 杰出攝影家獎”等國家榮譽。

* 白漁 *

原名周問漁，四川富順人；

1958 年大專畢業後到青海省工作，2008 年退休。

當過技術員、編輯，现爲專業作家。

歷任青海省作協秘書長、副主席、榮譽主席及省政協常委等職務。

1955 年開始文學創作，1979 年加入中國作家協會。

○

在人民文學出版社、中國青年出版社、中國文聯出版社、作家出版社等 10 餘家出版社

出版了《白漁詩選》《黃河源抒情詩》《江河的起點》《歷史的眼睛》

《黃南秘境》《唐蕃古道》《白漁文存》等詩文集 30 部。

○

素有“黃河源詩人”之譽，曾不斷深入三江源區采風。

上世紀 80 年代率先創作大批系統反映母親河河源的作品，在中國文壇具有開拓性意義。

佳作入選《中國新文藝大系》《與史同在》《世界抒情詩 100 首》

《古今中外散文詩鑒賞辭典》等 100 多種大型選集。

穫國家及省部級獎項 10 餘項；

穫“青海省優秀專家”“國家突出貢獻專家”等榮譽稱號。

* 龍仁青 *

1967 年 3 月出生於青海湖畔。

中國作家協會會員，中國音樂文學學會理事，

青海省《格薩爾》史詩研究專家委員會委員，青海省民族文學翻譯協會副會長兼秘書長，

青海省詩歌學會常務理事。

○

1990 年開始文學創作，

先後在《人民文學》《中國作家》《芳草》《章恰爾》等漢藏文報刊發表作品 100 餘萬字。

作品多次入選選刊類雜志和年度選本。

出版有小說集《光榮的草原》《鍋莊》等著作；

翻譯出版有《端智嘉經典小說選譯》《倉央嘉措詩歌集》《居・格桑的詩》等譯作。

作品曾入圍第五屆魯迅文奖學終評階段，

曾穫《芳草》雜志“漢語文學‘女評委’大奖”、“《青海湖》文學奖”等榮譽。

總顧問：馮驥才
總策劃：鄭雲峰
出版人：孟鳴飛

《中國江河流域自然與人文遺產影像檔案·三江源》

編委會 <按姓氏拼音排序>
白漁｜馮驥才｜高繼民｜葛劍雄｜霍巍｜吉狄馬加｜賈慶鵬｜林少華｜劉詠｜羅桑開珠｜孟鳴飛｜喬曉光
申堯｜石碩｜王川平｜王魯湘｜于青｜鄭度｜鄭立山｜鄭雲峰

顧問：冯驥才
主任委員：孟鳴飛｜鄭雲峰
副主任委員：高繼民｜賈慶鵬｜劉詠｜申堯

主編：白漁｜鄭雲峰

文字撰稿 <按姓氏拼音排序>
白漁｜樊穎｜葛建中｜河平｜劉士忠｜龍仁青｜馬光星｜梅卓｜宋長玥｜唐涓

監修專家：石碩
印務總監：李明澤｜錢麗娜
印務監理：楊建華
圖像處理：蔣賢龍
數字影像檔案館策劃、顧問：解天雪
數字化技術支持：青島出版社數字動漫出版中心
海外版權合作總監：李棟
營銷總監：蔡曉林

鳴謝單位

*

中華人民共和國國家新聞出版廣電總局
中華人民共和國國家文物局
中華文化促進會
中共山東省委宣傳部
中共青海省委宣傳部
江蘇省文學藝術界聯合會
江蘇省中華文化促進會
江蘇省攝影家協會
青海省攝影家協會
北京雅昌彩色印刷有限公司
雅昌藝術網

特別鳴謝單位

*

中共江蘇省委宣傳部
中國攝影家協會
中共青島市委、青島市政府
中共徐州市委宣傳部
徐州市文學藝術界聯合會

鳴謝個人
<按姓氏拼音排序>

*

班果｜蔡徵｜鄧本太｜高以儉｜李曉南｜梁勇
龍仁青｜婁曉琪｜馬有福｜譚躍｜徐毅英｜周賢安

版編目（CIP）數據

地：中國三江源地區宗教活動 / 白漁，鄭雲峰主編 .
島：青島出版社，2014.4
[江]河流域自然與人文遺產影像檔案 . 第壹部，三江源）
8-7-5436-9729-4

… Ⅱ. ①白… Ⅲ. ①祭祀－風俗習慣－青海省－攝影集 Ⅳ. ① K892.29-64

本圖書館 CIP 數據核字（2013）第 222757 號

頂禮大地 —— 中國三江源地區宗教活動
中國江河流域自然與人文遺產影像檔案 · 三江源）
：孟鳴飛
白漁｜鄭雲峰
鄭雲峰
文：馮驥才｜王魯湘｜龍仁青
山人
余小健｜高萍
行：青島出版社
青島市海爾路 182 號（266061）
址：http://www.qdpub.com
話：13335059110 0532-68068816（傳真） 0532-68068809
輯：申堯（shenyao@126.com）
輯：王林軍｜立山
校：馬有福｜龍仁青｜賀中原｜循川
輯：長河
計：橙子
刷：北京雅昌彩色印刷有限公司
期：2014 年 4 月第 1 版 2014 年 4 月第 1 次印刷
開（635mm×965mm）
72
500 千
216 幅
SBN 978-7-5436-9729-4
2600.00 圓

量及盜版監督服務電話：4006532017 0532-68068670